VOYAGE AU FIL DU TEMPS

Grèce des Voyageurs Étrangers
et Grèce d'Aujourd'hui

AVEC LES COMPLIMENTS
DE L'OFFICE NATIONAL HELLÉNIQUE DU TOURISME

Reconstitution de la ville d'Athènes

A.

A. MAISON DE FAUVEL. ACROPOLE, Dessin L. Dupré

Cette maison simple et élégante, partout recouverte de fragments antiques, est bien digne de celui qui l'habite; la cour, le jardin, les dépendances, tout étale aux regards des tronçons de colonnes et de chapiteaux, des statues mutilées, des pierres sépulcrales, des marbres chargés d'inscriptions.

L. Dupré, *Voyage à Athènes et à Constantinople*, Paris 1825

B. SAMOS. LE PORT OUEST DE LA VILLE, Dessin L. Mayer

L'île de Samos se prête parfaitement au commerce, car elle dispose de quelques bons ports, dont le meilleur est celui de Vathi. De même, elle produit de nombreuses denrées pour l'exportation. Sa soie est fine, son miel et sa cire admirables. Elle possède d'excellents cépages de muscat, dont est fait un très bon vin.

L. Mayer, *Views in the Ottoman Dominions in Europe, in Asia and some of the Mediterranean Islands,* Londres 1810

B.

VOYAGE AU FIL DU TEMPS

Voyage en Grèce au fil du temps: tel aurait pu être le titre de cette publication de l'Office National Hellénique du Tourisme. Grèce classique et moderne, terre d'attraction pour les voyageurs étrangers. Voyage en images et en paroles, toutes extraites de l'œuvre immense et diverse laissée par les voyageurs européens qui, à partir du milieu du XVIIIe siècle, multiplièrent leurs passages en Grèce. Dessins et récits, reproduction en images et en textes, monuments symboliques du vénérable passé de la terre grecque.

Vers la fin du XVIIIe siècle, de nombreux Européens commencèrent donc à visiter la Grèce, qui vivait encore sous la domination ottomane. À quoi attribuer cet afflux de visiteurs, qui devaient pourtant faire face à des conditions fort défavorables, aussi bien dans les îles que sur le continent? Pourquoi se lançaient-ils dans un voyage aussi éprouvant?

Ils venaient presque tous d'une Europe en pleine mutation, de régions qui se transformaient à des rythmes naguère encore inimaginables. L'industrialisation en Angleterre et la révolution bourgeoise imminente en France furent deux événements de portée universelle, qui bouleversèrent le cours de l'environnement naturel et humain. La société et l'économie, la politique, les mentalités et la connaissance se modifiaient comme jamais dans le passé de l'humanité. Hommes et produits, idées et techniques voyageaient sur terre et sur mer, en bateau ou en voiture à chevaux.

Le goût du voyage est fils du siècle des Lumières, qui engendra la «curiosité de découvrir». En 1784, le drongaire de la flotte ottomane, Nikolaos Mavrogénis, présente l'érudit français Villoison comme un voyageur qui visite les îles de la mer Égée «par curiosité et pour sa propre gouverne». La vague de voyageurs qui accostent en Grèce à partir du milieu du XVIIIe siècle fut sans aucun doute provoquée par le «désir de savoir», pour emprunter l'expression de C. Dimaras[1].

N'est-ce pas, en effet, le mouvement des Lumières qui insuffla dans l'esprit européen l'engouement pour la quête libre, la recherche, le désir d'information? On a dit à juste titre[2] que «voyager signifie d'un certain point de vue partir en quête de quelque chose». Dans le cas du «pays des Grecs», voyager combine le charme de la quête et de la découverte du monde grec antique, désir qui hantait la pensée européenne. L'Antiquité attirait les Occidentaux comme un aimant. Archéologues, architectes, peintres, spécialistes de la littérature et de l'histoire antiques se donnèrent pour but de voyager en Grèce, de localiser les sites anciens, de découvrir temples et monuments, d'étudier les inscriptions, d'emprunter les routes du monde grec antique, de rencontrer les Grecs modernes et de discuter avec eux. Tels étaient les intérêts indiscutables des voyageurs.

Le parcours qu'ils suivaient est quasiment donné d'avance. Tous les sites anciens attirent leur attention. Mais au premier chef, Athènes, bien sûr, Delphes, Olympie, Corinthe, Sparte, Délos, Thèbes. Le besoin d'approcher les espaces antiques les plus connus, qui furent à l'épicentre des événements importants de l'histoire grecque antique, est manifeste.

La connaissance de l'histoire et de l'archéologie font nécessairement partie de leur viatique. Tous les chefs-d'œuvre de la littérature grecque antique s'avèrent de précieux compagnons de voyage, et en particulier les récits de Pausanias, d'Hérodote et de Thucydide, les *Géographiques* de Strabon et les *Helléniques* de Xénophon, qui ne manquent pas d'apparaître dans les notes et les journaux de voyage. On relève la conformité, les divergences ou les inconséquences des descriptions antiques, et les comparaisons qui sont suggérées révèlent la profondeur de la connaissance qu'ont nos voyageurs modernes des textes anciens.

C. ZAKYNTHOS
PLACE AGIOU-MARKOU,
Dessin J. Cartwright
Certaines fenêtres
des maisons de la place
sont closes
de pièces de bois
que l'on appelle «jalousies»,
dont l'usage est d'éviter
que les femmes ne soient vues
de la rue. Depuis l'arrivée
des Anglais dans l'île,
quelques familles grecques
se sont mêlées à leur société,
et nombre de ces espèces
de prison ont disparu.
J. Cartwright,
Views of the Ionian Islands,
Londres 1821

Le voyage effectué en Grèce par le médecin français Jacques Spon dans les années 1675-1676[3] peut en ce sens être considéré comme l'amorce de l'intérêt systématique manifesté ensuite par les *Dilettanti* pour les antiquités grecques. Le jeune Français fut particulièrement fasciné par Délos, sanctuaire insulaire d'Apollon. Le fait est qu'à l'époque où le bateau qui l'y amenait avec son compagnon, l'Anglais George Wheler, accosta dans cette île minuscule, elle avait l'aspect d'un immense trésor archéologique. Les recherches furent faciles, car les vestiges antiques gisaient à même le sol. Les *Géographiques* de Strabon en main, les deux visiteurs entreprirent sous de terribles orages la tâche malaisée d'effectuer le relevé et l'identification des monuments. Parvenus à Athènes après un périple en Ionie et à Constantinople, ils furent plus que jamais saisis de respect devant tant de majesté. Nous sommes largement redevables à ce jeune archéologue de la description et de l'identification d'un grand nombre de sites antiques de la glorieuse Athènes. Il fut le dernier à avoir vu et décrit le Parthénon intact : onze ans plus tard, le plus beau monument au monde était impitoyablement bombardé par le Vénitien Morosini. Spon se définit comme l'amant «d'une maîtresse vieillie mais encore belle, la ville d'Athènes». Il est clair qu'en évoquant l'aspect vieilli, il renvoie à la part antique de la ville : le passage des siècles n'avait pu atteindre la grandiose beauté des lieux.

L'ouvrage de Spon (*Voyage d'Italie, de Dalmatie, de Grèce et du Levant, fait aux années 1675 et 1676 par Jacob Spon, I-III,* Lyon 1678) peut être tenu pour avoir introduit dans la pensée européenne la notion de voyage dans l'Antiquité : il fut le prélude de la première vague d'entreprises de découverte du monde antique. Et avant tout pour les *Dilettanti*[4], société d'archéologues anglais qui organisa des voyages scientifiques en Grèce. Ils furent les premiers à coordonner, financer et lancer l'étude des monuments antiques. Ils vinrent creuser, mesurer, dessiner, reconstituer, décrire – bref, faire œuvre d'archéologues. Ils rentrent en Angleterre chargés d'un précieux matériel. Cartes, dessins, copies de scènes figuratives et d'inscriptions sont publiés dans des éditions de prix, aux frais de la société des *Dilettanti*.

Les ouvrages monumentaux, ceux qui ont résisté au temps, sont généralement le fait d'individus inspirés, passionnés. Tel fut l'Écossais James Stuart, qui se donna pour objectif de présenter par ses dessins les bâtiments de l'Athènes antique : «Athènes, mère de toute grâce et de toute noblesse, qui n'a rien à envier à Rome en majesté, et dont nous devons même admettre que, grâce à la beauté d'un style droit, elle dépasse Rome comme le modèle dépasse la copie, Athènes a été presque négligée, et si des dessins exacts ne sont pas faits rapidement, tous ses splendides bâtiments, ses temples, ses théâtres et ses palais tomberont dans l'oubli, et la postérité nous en blâmera», écrit-il dans la proposition qu'il adressa aux *Dilettanti* pour obtenir le financement du voyage qu'il préparait minutieusement avec Nicholas Revett.

Avec un extraordinaire sentiment de responsabilité envers la tâche entreprise, les deux jeunes peintres consacrèrent presque deux ans à dessiner et reproduire les monuments antiques de la ville. Leur propos fait montre d'un respect et d'une modération exemplaires: «Nous avons considéré que les amants de l'architecture n'auraient pas eu d'objection à ce que nous joignions aux collections publiées quelques exemples des antiquités de la Grèce». Athènes et le reste du monde ont une sérieuse dette envers Stuart et Revett. Leurs voyages, en plein XVIIIe siècle, inaugurèrent l'étude systématique de l'espace grec antique. Leur ouvrage monumental, *The Antiquities of Athens*, publication de luxe quoique difficile à manier en raison de sa taille même, regorgeant de dessins et de scènes figurées qui révèlent la précision des relevés effectués par Revett, exerça une influence énorme et positive sur le voyage dans les régions que les esprits associaient à l'épanouissement de la Grèce des temps classiques.

Mais l'apport des deux Britanniques ne se limita pas à la recherche et à l'étude des antiquités grecques, à travers la reproduction et la localisation des sites de l'ancienne Athènes. Ils influèrent de manière tout à fait significative sur l'architecture des bâtiments publics et privés des pays occidentaux. Ayant reçu de nombreuses commandes de dessins et les ayant exécutées, ils furent à l'origine d'un mouvement de construction dans l'esprit de l'architecture classique. Londres, Oxford et d'autres villes plus modestes d'Angleterre trouvèrent ensuite des émules à Édimbourg et Dublin. Les tout nouveaux États-Unis eux-mêmes furent atteints par la vogue de l'architecture classique, telle que l'œuvre des deux jeunes Britanniques l'avait fait connaître. Thomas Jefferson en personne, auteur de la Déclaration d'Indépendance et président des États-Unis (1801-1809), avait en sa possession un exemplaire de l'ouvrage de Stuart et Revett, à en croire R. Stoneman[5].

L'influence exercée par l'œuvre des deux amis sur les recherches ultérieures ne fut pas moins grande. Richard Chandler, qui voyagea pendant les années 1764-1766 en compagnie de Nicholas Revett, connaisseur averti des textes anciens, ne pouvait pas ne pas être saisi à la vue de l'Acropole: «Elle portait dans le passé les monuments de la gloire d'Athènes et formait un ensemble véritablement admirable d'œuvres estimables, où la beauté, la richesse, l'art et la majesté resplendissaient et semblaient noblement revendiquer la suprématie». Par son livre *Travels in Greece*, publié en 1776, Chandler posa ouvertement la question des Grecs modernes, de leurs traits caractéristiques, leurs mœurs et leur mode de vie.

Cependant, la première impulsion en ce sens fut donnée par Pierre Augustin Guys, natif de Marseille, commerçant aisé et érudit tout à la fois, qualités qui devaient à l'avenir constituer le profil type de nombreux voyageurs. Son livre, intitulé *Voyage littéraire de la Grèce* et publié dès 1771, fut le fruit de voyages effectués en Anatolie et en mer Égée au cours des années 1744-1750. À lui seul, le titre de l'ouvrage de Guys plonge le lecteur dans un voyage littéraire. Aikaterini Koumarianou souligne «le système critique et comparatif introduit par Guys»[6], pour qualifier le lien qu'entreprend d'établir l'œuvre du voyageur français entre la Grèce ancienne et la Grèce moderne. Le fait est que le livre de Guys constitue en cela une innovation. Guys a réinstallé les Grecs modernes dans la conscience européenne, en montrant la continuité entre les habitants anciens et modernes de l'espace grec. De cette manière, le Grec raffiné de l'Antiquité, porté aux arts et aux lettres, n'était pas si éloigné, selon Guys, de l'individu mal dégrossi que les visiteurs croisaient sur les sentiers difficiles de l'arrière-pays et des îles. «Je vous exposerai les traits caractéristiques de ressemblance que j'ai pu repérer entre les Grecs antiques et les Grecs modernes», précise-t-il dès ses premières pages[7].

En fait, Guys préparait de la sorte son public de lecteurs, à savoir les penseurs européens, à ce qui fut appelé par la suite «la question grecque», c'est-à-dire la libération de la nation grecque, qui devait prendre de l'ampleur à la veille et dans les premières décennies du XIXe siècle avant de mener, dans les conditions que l'on sait, au mouvement philhellène et au soutien actif à la Guerre d'Indépendance de 1821.

Rien d'étonnant à ce que ce livre capital de Guys, du point de vue de la perspective qu'il pose, indirectement mais sûrement, ait connu une large diffusion dans les trois dernières décennies du XVIIIe siècle. Cette même période est marquée par le renouveau économique de l'espace grec, conséquence des événements sociaux et économiques survenus en Europe, mais aussi du traité de Kütchük-Kaynardja signé avec la Russie en

c.

D. VOYAGEUR À BORD D'UN NAVIRE,
F. W. Sieber,
Reise nach der Insel Kreta im griechischen Archipelagus im Jahre 1817,
Leipzig 1823

1774[8], et du chemin accompli par le mouvement des Lumières en Grèce. Nous sommes au seuil de changements d'importance universelle – le terme n'est pas excessif – dans le domaine de l'économie, des mentalités et du réveil de la pensée.

Le cas du poète allemand Hölderlin s'intègre dans le même climat et coïncide avec cette période. Marqué par le soulèvement sanglant de 1770 connu sous le nom d'Orlofika, qui eut pour centre le Péloponnèse, il écrivit un roman, *Hyperion,* dans lequel le héros relate ses aventures dans la Morée insurgée: «Les combattants se tiennent, serrés l'un contre l'autre, comme s'ils sortaient de terre. Ils sont debout, face à la lumière de l'aube... Dans peu de temps, une semaine peut-être, le noble, le saint Péloponnèse sera libre»[9]. Le message est clair. La nécessité de libérer la terre sacrée s'impose de manière impérative. La victoire de la beauté sera le triomphe de la noblesse, le rétablissement du droit. La pensée européenne se sensibilise peu à peu, se soucie de plus en plus directement du sort des habitants de la péninsule hellénique.

D.

Vers la même époque paraît un ouvrage qui va orienter substantiellement la connaissance européenne du monde grec antique. Il s'agit du *Voyage du jeune Anacharsis en Grèce*, dû à un créateur étonnant, l'abbé Barthélemy. Il va contribuer grandement à consacrer l'aspect séduisant de la Grèce antique dans la pensée européenne, au point de susciter des débats dans les cercles intellectuels et des congrès scientifiques. Mais il éveilla également l'intérêt des érudits grecs. Les traductions que firent de cette œuvre Sakellariou, Rigas, Ventotis, puis, à la veille de la Guerre d'Indépendance, Chryssoverghis Kouropalatis, sont la preuve de l'importance qu'accordèrent les pionniers des Lumières en Grèce à l'œuvre de l'abbé français.

Barthélemy guida Choiseul-Gouffier dans l'espace grec en 1776. Cet aristocrate français voyagea pendant 10 mois sur les côtes grecques, en mer Égée et en Asie Mineure, immortalisant dans son *Voyage pittoresque de la Grèce* de nombreux paysages mais aussi des scènes de la vie quotidienne des îles et du continent. Son intérêt pour l'archéologie était entretenu par son maître Barthélemy, car il eut le bonheur de bénéficier des leçons de l'auteur du *Voyage du jeune Anacharsis.* S'étant trouvé en Grèce dans les années qui suivirent le soulèvement des Orlofika, il eut l'occasion de collecter et transmettre par le biais de son livre des informations sur cette insurrection malheureuse. Même si le *Voyage pittoresque* n'est pas empreint de la nostalgie et du romantisme qui sous-tendent l'œuvre de Guys ou de Chandler, il n'en fait pas moins le lien entre la Grèce antique et la Grèce moderne. Tout en soulignant le fait que les habitants de l'île d'Ios ignorent le nom d'Homère et en estimant que les Grecs de son temps ne sont pas dignes de leurs ancêtres, il admet que les habitants du Magne sont animés de la même passion pour la liberté que les Lacédémoniens de l'Antiquité et que les habitants des campagnes ont conservé leur pureté originelle, avec des mœurs proches du mode de vie des Grecs anciens.

Les conseils que prodigue Choiseul à l'opinion publique européenne et notamment à ceux qui, par définition, étaient appelés à jouer un rôle plus important dans l'affaire grecque, à savoir les gouvernements des grandes puissances, sont caractéristiques dans le prologue de l'édition de 1782. En fait, il invite les Occidentaux à intervenir aux côtés des Grecs pour qu'ils reconquièrent leur liberté et fondent un État indépendant. C'est l'époque où les États nations, répondant aux aspirations des peuples, font leur apparition, et le voyageur français adhère à ces revendications.

Ce sont donc au premier chef les archéologues et les spécialistes de l'histoire grecque ancienne, les fervents de la littérature et de la philosophie classiques, qui vont mêler leur admiration envers le monde grec antique aux lamentations sur l'absence de liberté qui règne en Grèce. Citant Thucydide, Chateaubriand avoue: «Et ce peuple, qu'est-il devenu? Où le trouverais-je? Moi qui traduisais ce passage au milieu des ruines d'Athènes, je voyais ces minarets des musulmans, et j'entendais parler des chrétiens. C'est à Jérusalem que j'allais chercher la réponse à cette question, et je connaissais déjà d'avance les paroles de l'oracle. *Dominus mortificat et vivificat; deducit ad inferos et reducit*»[10]. Philhellénisme et romantisme sont désormais les deux faces indissociables d'un même mouvement intellectuel en Europe, qui saura sensibiliser l'opinion publique au moment du déclenchement de la Guerre d'Indépendance en 1821.

Lord Byron compte assurément parmi les plus illustres représentants du romantisme européen – s'il n'en est pas le premier – qui vouèrent leur vie à la cause grecque. La participation personnelle de ce poète anglais à l'insurrection, et sa mort, finalement, conférèrent pour le moins à la lutte des Grecs un symbolisme très efficace, qui contribua à modifier les positions diplomatiques des gouvernements étrangers en leur faveur. C. Dimaras a pu dire que son geste fut «l'aboutissement naturel de la vieille litanie sur les terres grecques»[11]. La mort de Byron marque-t-elle une étape dans l'histoire du voyage en Grèce? La plupart des spécialistes répondent par l'affirmative. La présence de Lamartine en 1832, de Nerval en 1843, ou de Théophile Gautier en 1852, ne répond pas à une

E. ITHAQUE. VATHI,
Dessin J. Cartwright
La vue est prise depuis l'endroit où les habitants de l'île réalisent leurs transactions commerciales, vendant légumes et autres aliments pour ceux qui sont en quarantaine.
J. Cartwright,
Views of the Ionian Islands,
Londres 1821

«nécessité historique», selon les termes de C. Dimaras, et ne contredit donc pas le point de vue selon lequel la mort de Byron marque effectivement la fin du romantisme philhellène, de la littérature de voyage.

Bien entendu, nombre de visiteurs romantiques de la Grèce se laisseront aller au trafic d'antiquités. Ils se mettront à explorer sans relâche la terre grecque, à la recherche de pièces antiques, guidés par leur bonne connaissance des sites et des trésors archéologiques. Et, bien sûr, ils ne se limiteront pas à ce qui affleure à la surface: ils creuseront, provoquant parfois des dégâts irréparables, nettoieront, diffuseront à l'étranger, et seront ainsi à l'origine d'immenses collections, d'une valeur archéologique inestimable. Offrir aux dirigeants de leurs patries respectives des sculptures, des bustes, des manuscrits, tout ce qui pouvait avoir une valeur archéologique, était pratique courante chez les voyageurs rentrant de Grèce. Les rois et ministres de France et d'Angleterre[12] des XVIIe, XVIIIe et XIXe siècles se trouvèrent ainsi en possession de riches collections de trouvailles archéologiques provenant de Grèce et d'Ionie.

Lord Elgin n'est donc pas le seul à avoir commis ce «crime»: il faut lui ajouter Choiseul, Fauvel, Cockerell et bien d'autres. Cockerell, Stackelberg, Foster fondèrent même une société qui avait pour but l'enlèvement systématique des antiquités. Cockerell raconte[13] par exemple comment ils essayèrent de découvrir et emporter dans les îles Ioniennes, alors sous domination anglaise, la décoration sculptée du temple d'Aphaia à Égine. La vente aux enchères qui eut lieu à Zakynthos fit partir la frise en Bavière. Les mêmes compères pillèrent la décoration du temple d'Apollon Épikourios à Bassae, ce qui explique la présence de la frise au British Museum. Il suffit de lire la description que fait Pouqueville de la résidence de Fauvel à Athènes, «lieu de rendez-vous des amateurs d'antiquités»[14], pour se faire une idée de la multitude de trésors archéologiques acquis dans ces conditions par certains voyageurs.

Ajoutons ceux qui partaient à la chasse aux manuscrits rares dans les monastères et les bibliothèques privées, offrant des prix dérisoires aux moines ou aux particuliers ignorants. En 1730, l'abbé Sevin rapporta à lui seul 600 manuscrits à Paris. Dans le courant du XIXe siècle, Curzon s'adonna à cette collecte de manuscrits dans les monastères des Météores et du Mont Athos. Il convient toutefois de considérer ces comportements sous l'angle de leur époque, et non avec les connaissances et les conceptions du monde actuel, qui voit dans cet exécrable trafic d'antiquités des agissements immoraux et condamnables.

Mais au-delà de l'engouement pour l'Antiquité et de la vision romantique de l'Antiquité classique qui poussèrent de si nombreux étrangers à parcourir la Grèce, les motivations changèrent ou, plutôt, se diversifièrent vers la fin du XVIIIe siècle. La production industrielle sans cesse croissante en Occident, qui exigeait la promotion des produits finis dans l'économie sous-développée de l'Orient, la nécessité de trouver des matières premières bon marché pour l'industrie, et des produits alimentaires pour les populations urbaines, produits que détenaient dans une relative abondance l'arrière-pays inexploité de l'Empire ottoman, la péninsule balkanique et les contrées méridionales de la Russie, tout cela stimula le commerce et incita les transports de la Méditerranée à se mettre au service de ces activités commerciales. Des marchés plus étendus se substituèrent donc aux foires locales, les activités des commerçants s'accrurent, requérant toutefois des informations exactes et ininterrompues sur les prix, les produits, la demande, autant d'éléments qui intensifièrent la concurrence des grandes puissances commerciales de l'époque. À la fin du XVIIIe siècle, la France et l'Angleterre sont donc en lutte pour imposer leur domination sur le commerce en Méditerranée orientale; l'Anatolie, d'une manière générale, acquiert

E.

un intérêt primordial sur le plan commercial tout d'abord, politique et militaire ensuite.

En d'autres termes, l'espace grec, partie intégrante de la région qui se trouve au centre de ces réaménagements, va attirer peu à peu un certain type de voyageurs: ceux qui viennent chercher des informations d'ordre économique ou commercial, se rendre compte du trafic commercial des ports, évaluer les possibilités de mise en valeur des régions rurales au profit de la demande occidentale. Il va de soi qu'il faut inclure dans cette catégorie de voyageurs professionnels ceux qui ont pour mission de rassembler des informations de nature politique et diplomatique destinées à renforcer l'influence politique et économique de leur pays en Méditerranée orientale. Des voyageurs comme Leake, Holland, Turner, Mayer ou Pouqueville sont manifestement dans ce cas[15].

L'œuvre de cette catégorie de voyageurs se distingue nettement de celle des voyageurs romantiques. Leur parcours emprunte les voies du commerce; ils cherchent à situer les lieux de production, rassemblent des informations sur les activités artisanales, évaluent les coûts de production et de transport, discutent les possibilités de transfert des produits de l'arrière-pays grec vers les ports, négocient les interventions des autorités dans les échanges. Leur intérêt se tourne donc exclusivement vers la Grèce de leur temps; il s'adresse à la vie des Grecs modernes et ne s'oriente vers l'archéologie qu'en marge de leur travail. Ce qui ne veut pas dire que les voyageurs professionnels soient dépourvus des connaissances nécessaires en matière d'histoire grecque ancienne ou soient incapables de localiser les sites antiques pendant leur déplacement.

Le fait est que ces voyageurs contribuèrent de manière décisive, même à leur insu, à la promotion de la géographie économique de la Grèce. L'œuvre de Leake, par exemple, resta pendant des décennies la source la plus précieuse d'informations concernant l'implantation économique au début du XIXe siècle. Son séjour en Grèce, pendant plus de dix ans (1799-1810), fut marqué de nombreux voyages sur tout le territoire. La même chose vaut pour Pouqueville et bien d'autres. Ils sont tous gagnés par l'amour de la nature grecque et par l'hellénisme. Le caractère intact, encore vierge, de la terre grecque se dégage généreusement de leurs pages. Ils se réfèrent souvent à l'hospitalité des habitants qu'ils sont amenés à rencontrer dans leurs déplacements. Le désir de s'instruire et la curiosité ont remplacé l'ignorance générale et l'apathie intellectuelle de la première époque des voyages en Grèce. La gloire des ancêtres est un sujet de conversation fréquent avec les Grecs des lieux, ce qui suggère l'apparition de processus de formation d'une conscience nationale. En fait, les voyageurs sont les témoins des changements idéologiques et intellectuels qui surviennent en Grèce à la veille de la Guerre d'Indépendance, et ils sont nombreux à les observer et à les consigner.

Les voyageurs professionnels ne manquent pas, dans certains cas, d'exercer une critique sévère sur la mutation des mœurs introduite par l'implication accrue des insulaires dans le commerce et l'économie. Les remarques de Dodwell ou de Castellan sont indicatives de cet aspect du discours des voyageurs[16]. Évoquant les habitants des îles du golfe Saronique, ils les présentent tous deux comme rusés et âpres au gain. Cela ne doit pas étonner: l'infiltration du commerce laisse des traces visibles sur le caractère des hommes.

La fondation de l'État hellénique, après le coup d'arrêt mis à l'afflux des voyageurs en Grèce en raison des hostilités, va en permettre la reprise à une plus grande échelle. Mais désormais, les recherches et l'étude systématiques l'emportent, au détriment du romantisme des premiers temps. Les voyageurs de cette nouvelle ère viennent collecter du matériel, souvent sur commande. Le cas le plus caractéristique est celui de la fameuse Expédition scientifique de Morée, restée célèbre en raison de la valeur de l'œuvre

F. LAC STYMPHALE,
Dessin E. Dodwell
Partant de là [Aléa*],
nous commençâmes à escalader
des hauteurs rocheuses;
au bout de 25 minutes,
nous rencontrâmes
le lac Stymphale:
quoique de dimensions modestes,
il est grandiose et pittoresque,
et entouré des sommets serrés
de montagnes imposantes.
E. Dodwell,
A Classical and Topographical Tour through Greece,
Londres 1819

* *Aléa, cité antique d'Arcadie sise près du lac Stymphale.*

accomplie: en 1829-1830 arrivèrent en Grèce sous la conduite d'Abel Guillaume Blouet, des architectes, des archéologues, des peintres, des topographes et des naturalistes, dans le but de procéder au relevé systématique des sites archéologiques, de constituer une géographie du pays, de rassembler du matériel concernant l'environnement naturel et animal de la Grèce. Cette mission scientifique fit un travail remarquable en quantité et en qualité, et la publication qui vit le jour est encore d'un fort appréciable secours pour la connaissance de la Grèce de la période post-révolutionnaire et la vie sociale et économique de ses habitants. Les campagnes dévastées, le marasme économique, la destruction des rares infrastructures existantes font partie intégrante des images de la réalité qui dominent dans l'œuvre de la mission française.

Nulle intention, ici, d'embellir les choses: c'est le réalisme qui l'emporte, le compte rendu exact d'une société vivante.

Théodore du Moncel, Thomas Spratt, Rochford Scott, mais aussi la plupart de ceux qui visitent désormais le royaume grec, appartiennent à la même catégorie de voyageurs: diplomates, négociants, lexicographes. Ils évaluent dans leur journal de voyage la vie en ce jeune royaume, dénoncent le phénomène du brigandage – l'Occident s'est depuis longtemps débarrassé de ses bandits de grand chemin –, enregistrent les efforts de reconstruction de l'économie, recensent les travaux publics, décrivent les rapports sociaux. Pour l'historien du XIXe siècle, les ouvrages des voyageurs de cette période sont des aides précieuses car, combinés à d'autres sources (archives consulaires des pays étrangers), ils constituent une base solide pour la compréhension de cette époque.

Dans les dernières décennies du XIXe siècle, le voyage change de sens. Les progrès accomplis en Europe en matière d'éducation s'accompagnent d'une meilleure connaissance de la géographie, de l'histoire, de l'archéologie, des arts populaires, et touchent une portion accrue de la population. Par ailleurs, les avancées économiques et sociales, pour les habitants des centres urbains surtout, vont permettre à des couches plus nombreuses de programmer et réaliser des voyages en Grèce. Enfin, l'amélioration considérable des moyens de transport réduit les distances et le coût des déplacements, ce qui favorise la multiplication des voyages, surtout parmi les classes sociales jusque là exclues de si lointaines entreprises. Ainsi devint-il assez rapidement possible d'organiser des croisières en Méditerranée orientale. La première à avoir eu la Grèce pour destination fut proposée au prix de 80 livres sterling, pour un périple de trois semaines à Naples, en mer Ionienne, à Navarin, Nauplie (Nafplion) et Constantinople, à bord du «Francesco Primo», pendant l'été 1833. Le choix des étapes n'est évidemment pas le fait du hasard. La bataille navale de Navarin, en octobre 1827, avait valu à la Grèce son indépendance et aux flottes des trois grandes puissances (Angleterre, France et Russie) une fière victoire sur les Turco-Égyptiens. Nauplie était la capitale de l'État hellénique, et il n'y avait pas six mois que le roi Othon, encore mineur, y avait débarqué[17]. Le choix de ces escales par la compagnie maritime était donc tout à fait justifié.

Les guides touristiques qui font leur apparition chez les grandes maisons d'édition vont à leur tour jouer un rôle substantiel. Le premier guide consacré à la Grèce fut publié en 1840 par John Murray. Cette maison d'édition entretenait indirectement des liens sentimentaux avec ce pays, le père de Murray ayant été l'éditeur des œuvres de Lord Byron. Le livre portait le titre suivant: *A Handbook for Travellers in the Ionian Islands, Greece, Turkey, Asia Minor, and Constantinople.* Il remporta un énorme succès et connut sept rééditions jusqu'à la fin du siècle, nombre important qui prouve le désir croissant des Européens de se rendre en Grèce. L'édition de 1900 donne des renseignements sur quelques hôtels,

F.

comporte des dialogues en grec et en anglais pour assurer le minimum indispensable de communication, et indique les horaires des bateaux accostant dans les ports grecs.

Globalement, tous les guides de voyage publiés sur la Grèce décrivent le trajet dans la campagne grecque, relatent l'histoire des lieux, citent quelques hôtels fonctionnant dans les grandes villes. Les grandes maisons d'édition anglaises, allemandes et françaises peuvent aussi se permettre la lourde dépense qu'implique l'envoi de peintres sur le terrain, avec mission d'illustrer de paysages et de scènes de la vie quotidienne leurs luxueux volumes. Linton fut l'un d'eux. Il arrive aussi que les éditeurs, soucieux de minimiser leurs coûts, achètent des tableaux à des peintres ayant visité la Grèce par le passé ou utilisent des copies réalisées par des artistes n'y ayant jamais mis les pieds.

Entre l'époque des premières missions des *Dilettanti* au milieu du XVIIIe siècle et les voyages organisés de 1900, le chemin parcouru dans la culture du voyage en Grèce est long. On était déjà loin des passages à peine frayés dans les montagnes, de la rude expérience des misérables, mais néanmoins hospitalières, auberges de campagne qu'avait connues Bartholdy en 1803[18], et des trajets exténuants à dos de mulet. On en était maintenant aux bateaux à vapeur reliant régulièrement les ports de Grèce à ceux de l'étranger, aux chemins de fer et aux hôtels plus ou moins confortables. L'hôtel «Grande-Bretagne» à Athènes et ceux, non moins agréables, de Syra et de Patras, en sont la meilleure preuve.

Les techniques de reproduction de paysages et de scènes avaient également changé, avec l'apparition de la photographie, changement de portée universelle dans le concept du voyage.

Mais plus que tout, c'était le contenu même du voyage qui avait changé. Le voyage commun de Stuart et Revett, le motif de leur visite, la préparation de leur étude et les priorités posées par l'objectif archéologique de leur périple étaient véritablement très loin désormais des préoccupations du voyageur du milieu du XIXe siècle. Il est manifeste que le réaliste A. Proust[19], qui séjourna à Athènes pendant tout l'hiver 1857, avait d'autres intérêts. La mode suivie par les femmes, les cafés, les salons des Athéniens distingués, les convictions politiques avaient pris la place de l'étude des monuments anciens. Il n'est pas jusqu'à cet étudiant anonyme en archéologie, venu de Paris visiter Athènes en 1894, qui n'ait montré plus d'intérêt pour les reflets du soleil entre les colonnes de l'Acropole que pour la majesté de l'Antiquité classique mythifiée dans ses manuels[20]. Pour lui et pour nombre de ses émules visitant les paysages grecs, l'architecture byzantine, les églises disséminées un peu partout, les mosaïques, seront désormais source de la même émotion.

Les intellectuels et érudits n'avaient pas disparu de cet horizon, bien au contraire. Mais pour eux aussi, le but de la visite avait changé de manière spectaculaire. Le romantique Lamartine avait vu Athènes avec ses sens: «Je ne veux voir que ce que Dieu ou l'homme ont fait beau; la beauté présente, réelle, palpable, parlante à l'œil et à l'âme, et non la beauté de lieu et d'époque: la beauté historique ou critique, – celle-là aux savants. À nous poètes, la beauté évidente et sensible; nous ne sommes pas des êtres d'abstraction mais des hommes de nature et d'instinct: ainsi j'ai parcouru maintes fois Rome; ainsi j'ai visité mers et montagnes; ainsi j'ai lu les sages, les historiens et les poètes; ainsi j'ai visité Athènes»[21].

Les sens dominent aussi dans le journal des impressions de voyage de Flaubert. La nature, la mer, le soleil, l'amour en sont les composantes. Quand il monte pour la dernière fois au Parthénon, il écrit: «Le vent soufflait fort, le soleil se couchait, le ciel était rouge au-dessus d'Égine; derrière les colonnes des Propylées, le ciel s'étendait, jaune... Me dirigeant vers le Parthénon et me retournant une fois arrivé, je contemplai longtemps cette poitrine

G. ITHAQUE.
LA FONTAINE ARÉTHUSE,
Dessin J. Cartwright
La vue est prise
depuis la rue des Rochers,
qui dessine une pente naturelle
jusqu'à la vaste grotte
où se trouve la fontaine Aréthuse.
On pense généralement
que c'est là que vivait Eumée
et qu'Ulysse, de retour de Troie,
rencontra son fils Télémaque
et se fit connaître de lui.
J. Cartwright,
Views of the Ionian Islands,
Londres 1821

aux seins ronds, faits pour faire mourir d'amour. Salut Athènes! Ailleurs, à présent!»[22] La Grèce de l'Antiquité, la Grèce des monuments byzantins, la Grèce des sensations, voilà ce qui attire les visiteurs à la fin du XIXe siècle.

C'est la même force d'attraction qui s'empare des visiteurs actuels. La vigueur du paysage naturel, la présence de la mer, les changements de couleurs, les particularités de la tradition, les traits caractéristiques des hommes, c'est tout cela qui emporte de nos jours la préférence des voyageurs étrangers. La Grèce a toujours possédé et conserve cette puissance de séduction sur les touristes, qui la rend capable de satisfaire les exigences les plus élevées de leurs sens.

Arrêtons-nous un instant sur l'ordre dans lequel les régions grecques se présentent ici: notre choix vise à reproduire la carte suivie par la plupart des voyageurs étrangers. Les îles Ioniennes et le Péloponnèse étaient en général les premiers contacts avec la terre grecque. Le voyage se poursuivait ensuite naturellement vers Athènes et les régions plus septentrionales, tandis que les îles de la mer Égée, la Crète et les Cyclades marquaient souvent le point final de leur approche de l'espace grec.

En publiant cet album, l'Office National Hellénique du Tourisme met en lumière un corpus rare d'images et de textes, poursuivant la tradition inaugurée en ce domaine par des entreprises éditoriales analogues[23].

Les textes proviennent en grande partie d'ouvrages de voyageurs des XVIIIe et XIXe siècles pas ou peu traduits: nous avons choisi délibérément de publier des extraits d'œuvres relativement peu connues, pour montrer au public grec et étranger la richesse de la bibliographie des récits de voyage. Par voie de conséquence, certains auteurs largement diffusés en plusieurs langues sont absents de cette publication: c'est le cas, pour les plus célèbres, de Chateaubriand, Flaubert ou Andersen.

De même, les images que nous publions sont dues à une multitude de créateurs différents. Gravées par des artistes exceptionnels, elles ont donné lieu à des reproductions d'une grande qualité, qui ornent les éditions rares, luxueuses et fort coûteuses des récits de voyage. Nous avons essayé, dans la sélection que nous avons faite, de choisir autant que possible les textes et les illustrations dans les mêmes éditions. Les légendes indiquent l'artiste auteur de l'illustration et celui du texte qu'elle accompagnait, ainsi que l'édition utilisée. Quand l'identification de l'auteur de l'illustration n'a pas été possible, nous l'indiquons également.

Les illustrations de la Grèce moderne remplissent aussi une part importante de cette publication. Les collaborateurs du département artistique de l'O.N.H.T. n'ont pas épargné leur peine pour découvrir des photographies représentant jusqu'à un certain point les mêmes paysages que ceux que nous avions choisis dans les œuvres des voyageurs. La similitude reste souvent impressionnante, et la sélection effectuée mérite toutes nos félicitations. Ces images mettent en évidence la continuité culturelle, attestent les changements dans l'espace et dans le temps, offrent des éléments d'identification culturelle. Ainsi ces illustrations de la Grèce actuelle nous font-elles sentir et saisir ce que signifient sauvegarde et maintien de l'ancien au sein du contemporain, du traditionnel dans le moderne.

Il est de coutume d'accompagner toute publication nouvelle de remerciements. Dans le cas présent, ceux que j'adresse à mon très cher ami Stathis Phinopoulos sont tout à fait justifiés. J'ai trouvé en lui un fin connaisseur des œuvres des voyageurs, un guide expérimenté dans mon propre voyage dans le monde de ces récits. C'est à lui également que je dois la majeure partie du matériel consulté. Je remercie également le personnel de la Bibliothèque Gennadion d'Athènes, qui a su répondre à mes attentes les plus exigeantes.

G.

Mes remerciements vont aussi, bien entendu, au membres de la Direction de la publicité de l'O.N.H.T., et plus particulièrement à la Section des publications, pour la précieuse collaboration que nous avons menée ensemble. Mon collaborateur Apostolos Diamantis est un vieil ami dont l'apport a toujours été précieux, et son aide efficace dans la sélection des textes cités, parmi la multitude des récits de voyage, m'était dès le départ acquise. Je remercie également Georgios Varsos pour ses interventions essentielles dans le matériel traduit. Et je conclurai cette énumération en disant que toute omission ne serait imputable qu'à moi seul.

VASSILIS KARDASIS

Professeur à l'Université de Crète

[1] C. Th. Dimaras, «Le voyage dans l'espace grec», *Voyages dans l'espace grec,* Athènes 1968, p. 146 [en grec].

[2] *Lamartine-Nerval-Gautier, Trois romantiques français en Grèce,* préf. P. Moullas, trad. gr. V. Mentzou, éd. Olkos, Athènes 1990, p. 12.

[3] On trouvera des renseignements sur le voyage de Spon dans R. Stoneman, *À la recherche de la Grèce classique*, Fondation culturelle de la Banque nationale, Athènes 1996, p. 131 [en grec].

[4] Les fondateurs de la *Dilettanti Society* étaient plus intéressés par la convivialité des festins bien arrosés que par l'art et la science. La société fut fondée à Londres en 1734 et fonctionna d'abord comme club où les aristocrates anglais ayant visité l'Italie pouvaient venir dîner. Peu à peu, ses membres se muèrent en amateurs zélés de trouvailles antiques.

[5] R. Stoneman, *op. cit.,* p. 195.

[6] A. Koumarianou, «Le long voyage de la mémoire», journal «Kathimerini - album hebdomadaire», 2 avril 2000, p. 2 [en grec].

[7] D. Constantine, *Early Greek Travellers and the Hellenic Ideal*, Cambridge 1984, p. 152.

[8] Le traité russo-turc de Kütchük-Kaynardja marqua le point de départ du processus de renaissance économique de l'espace grec avant la Guerre d'Indépendance.

[9] Extrait de K. Simopoulos, *Voyageurs étrangers en Grèce,* t. 2, 7e éd., Athènes 1995, p. 274.

[10] Chateaubriand, *Itinéraire de Paris à Jérusalem.*

[11] C. Th. Dimaras, *op. cit.,* p. 150.

[12] Voir à titre indicatif seulement le chapitre intitulé «Marbres pour le roi de France 1667-1789» dans l'ouvrage de R. Stoneman, *op. cit.,* p. 134.

[13] C. R. Cockerell, *Travels in Southern Europe and the Levant 1810-1817,* Londres 1903, p. 50-56.

[14] Voir A. Anghelou, «Pouqueville et sa Grèce», *Voyages dans l'espace grec, op. cit.* (n. 1).

[15] Voir les rapports en ce sens de H. Angelomatis - Tsougarakis, *The Eve of the Greek Revival,* Routledge, Londres - New York 1990, p.5.

[16] E. Dodwell, *A Classical and Topographical Tour,* Londres 1819, t. 2, p. 274-275, et A. L. Castellan, *Lettres sur la Morée,* Paris 1808, t. 2, p. 87-96.

[17] R. Eisner, *Travelers to an Antique Land*, University of Michigan Press, 4e éd., 1994, p. 126.

[18] J.L.S. Bartholdy, *Voyage en Grèce fait dans les années 1803 et 1804,* Paris 1807.

[19] A. Proust, *Un hiver à Athènes en 1857,* éd. gr. Eirmas, Athènes 1990.

[20] Anonyme, *Voyage de Paris à Constantinople, au Mont Athos, à Athènes, au Péloponnèse,* Vanias, Thessalonique 1991.

[21] *Lamartine, Voyage en Orient,* p. 273-274, édition critique avec documents inédits, par Lotfy Fam, Librairie Nizet, s.d. Voir les remarques analogues de R. Stoneman, *Parcours littéraires en Grèce,* éd. Papadaki, Athènes 1998, p. 162-163.

[22] G. Flaubert, *Voyage en Grèce.*

[23] Je cite les publications les plus importantes concernant cet abondant matériel iconographique: F. M. Tsigakou, *The Rediscovery of Greece: Travellers and Painters of the Romantic Era,* Londres 1981, et *Pays et image, Gravures des voyageurs étrangers en Grèce,* éd. Olkos, Athènes 1979-1983 [en grec].

H. CORFOU.
PROCESSION
DE LA SAINT-SPYRIDON,
Dessin J. Cartwright
Les reliques sacrées
de saint Spyridon
sont conservées dans son église,
sauf lors de certaines fêtes,
quand elles sont promenées
en procession au milieu
des tirs de canon et des litanies,
suivies par les fonctionnaires
et les habitants de l'île.
En ces occasions,
des tapisseries de toute sorte
sont suspendues
aux fenêtres des maisons
et il s'y montre une foule brillante
de beautés de Corfou,
qui manifestent
leur culte au saint...
J. Cartwright,
Views of the Ionian Islands,
Londres 1821

AUTEURS - PEINTRES

John Harisson Allan: voyageur anglais. Il visita Malte, les côtes dalmates, les îles Ioniennes, les îles de la mer Égée, la Grèce continentale et l'Asie Mineure avant 1843, date de parution de son ouvrage.

William Bartlett (1809-1854): peintre anglais. Il se rendit en Grèce à la fin des années 1830.

Henri Belle (1837-?): diplomate français. En poste à l'ambassade de France à Athènes, il s'installa en Grèce en 1868 avec le grade de 3e secrétaire d'ambassade et y demeura jusqu'en 1872, puis il revint en 1874 pour un an, comme 2e secrétaire. Durant son séjour, il visita quasiment tout le pays.

George de la Poer Beresford: peintre. Il réalisa 11 dessins de paysages d'Épire.

Albert Berg (1825-1884): artiste et diplomate allemand célèbre. Il se rendit à Rhodes en 1853.

Nicholas Biddle (1786-?): il fut le premier Américain à consigner ses impressions de voyage en Grèce dans un journal de bord. Il parcourut en 1806 les îles Ioniennes, le Péloponnèse, l'Attique et la Grèce continentale. Formé aux lettres classiques et diplomate de carrière, chaleureux philhellène, il manifesta publiquement sa foi en la libération grecque dans de nombreuses conférences à l'étranger.

Abel Guillaume Blouet (1795-1853): architecte français de grande valeur. Le gouvernement le nomma chef du département d'architecture et de sculpture de la Mission scientifique française de Morée.

John Carne (1789-1844): voyageur anglais. Il visita le Péloponnèse et la mer Égée orientale au début des années 1820.

Joseph Cartwright (1789-1829): trésorier de l'armée anglaise. Se trouvant dans les îles Ioniennes entre 1816 et 1820, il peignit de charmantes scènes de la vie quotidienne des habitants et des paysages de ces régions. Il fut ensuite nommé peintre de l'Amirauté.

Antoine-Laurent Castellan (1772-1838): voyageur français. En 1797, il participa en qualité de dessinateur à la mission technique française qui avait pris en charge la réalisation de travaux portuaires à Constantinople. Il voyagea dans le Péloponnèse, les îles Ioniennes et le golfe Argosaronique.

Antoine-Marie Chenavard (1787-1883): architecte et archéologue français. Passionné par le dessin des monuments antiques, il voyagea en Grèce avec le peintre Rey et l'architecte Dalgabio.

Marie-Gabriel-Florent-Auguste, comte de Choiseul-Gouffier (1752-1817): noble français, archéologue. En 1776, il effectua une visite de 10 mois sur les côtes grecques, en mer Égée et en Asie Mineure. Entre 1784 et 1793, il fut ambassadeur de France à Constantinople. Son œuvre monumentale, riche en illustrations et en descriptions, est un matériel précieux pour l'étude de l'espace grec au XVIIIe siècle. Il rassembla en outre une vaste collection de trésors archéologiques provenant de la Grèce.

Charles Robert Cockerell (1788-1863): architecte britannique. Il séjourna en Grèce pendant quatre ans entre 1810 et 1817. Il est responsable, avec quelques-uns de ses compatriotes, de la sortie clandestine de Grèce et de la vente à l'étranger des ornements sculptés du temple d'Aphaia (Égine) et du temple d'Apollon Épikourios (Bassae).

Vicenco Maria Coronelli (1650-1718): moine franciscain. Cosmographe officiel de Venise, il commença à publier son œuvre en 1684, avec des dessins et des cartes de la Méditerranée.

Esprit-Marie Cousinery (1747-1833): voyageur français. Consul de France à Thessalonique, avant de s'installer à Smyrne. Il parcourut de nombreuses régions de Macédoine en 1814-1815, recueillant de précieux renseignements.

Robert Curzon (1810-1873): collectionneur anglais de manuscrits. Il fut secrétaire de Stratford Canning à l'ambassade d'Angleterre à Constantinople. Il visita les monastères grecs des Météores (1834) et du Mont Athos (1837).

Edward Dodwell (1767-1832): voyageur anglais. Il se rendit à deux reprises dans l'espace grec: la première fois, en 1801, il visita en compagnie de Sir William Gell les îles Ioniennes et Athènes; en 1805-1806, il parcourut avec le peintre italien Simone Pomardi la Grèce continentale, le Péloponnèse et la Thessalie.

Louis Dupré (1789-1837): voyageur français. Disciple du fameux peintre David, il visita la Grèce en 1819 et représenta des personnages et des scènes de la vie quotidienne. Les couleurs qu'il emploie confèrent une merveilleuse beauté à ses tableaux.

Comte Joseph d'Esturnel (1783-1852): fonctionnaire français, descendant d'une famille noble. Se trouvant en 1832 en Italie, il décida de se rendre en Grèce et signa un contrat avec un certain Dimitrios Papandréopoulos, qui l'accompagna dans le voyage éprouvant qu'il entreprit.

Richard Ridley Farrer: voyageur anglais. Il visita la mer Ionienne et le Péloponnèse en 1880. Les dessins inclus dans le livre qu'il publia sont dus à Lord Windsor.

Louis-François-Sébastien Fauvel (1753-1838): peintre français. Il vint pour la première fois en Grèce en 1780, pour accomplir une mission que lui avait confiée Choiseul-Gouffier. Il voyagea pendant deux ans dans le Péloponnèse, en Grèce continentale et en Thessalie. Il revint par la suite et effectua de longs séjours au cours desquels il pilla les sites archéologiques pour le compte de Choiseul-Gouffier mais aussi pour le sien propre.

Louis-Nicolas-Philippe-Auguste, comte de Forbin (1777-1841): archéologue et peintre français, descendant d'une famille noble. Il voyagea en Anatolie en 1817-1818 avec des architectes, des techniciens et des artistes.

William Haygarth (1784-1825): voyageur anglais. Il visita l'Épire, la Grèce continentale et le Péloponnèse en 1810-1811. Il rédigea une sorte de journal de voyage en vers, qui trahit son admiration sans bornes pour la Grèce et ses paysages. Ses dessins sont conservés à la Bibliothèque Gennadion.

Jean-Baptiste Hilaire (?-1832): artiste français célèbre dont les dessins furent inclus dans l'édition monumentale de Choiseul-Gouffier.

John Cam Hobhouse, puis Lord Broughton (1786-1869): voyageur anglais. Il accompagna Lord Byron dans son voyage de 1809-1810, où ils visitèrent l'Épire, la Grèce continentale et l'Attique. Il fut un fervent partisan de la cause grecque.

Henry Holland (1788-1873): médecin anglais. Il se trouva en Grèce en 1812-1813 puis de nouveau en 1861. Il offrit ses services à Ali Pacha, voyagea dans le nord de la Grèce et en Attique. Ses descriptions se caractérisent par l'exactitude des informations qu'il donne sur l'hellénisme de son époque.

I. RHODES.
FORT SAINT-NICOLAS,
Dessin B. E. A. Rottiers
Les Turcs dirigèrent plusieurs attaques sérieuses contre le fort Saint-Nicolas*, qui fut si vaillamment défendu que tous leurs efforts restèrent infructueux: voici un exemple de l'inutilité de leurs entreprises.
B. E. A. Rottiers, *Description des monuments de Rhodes*, Bruxelles 1830

** Rhodes fut prise par les Turcs de Soliman le Magnifique en 1522. La ville avait été défendue par les chevaliers de Saint-Jean et par les habitants natifs de l'île.*

V. Lanza: artiste italien qui accompagna Sir Thomas Wyse dans son voyage dans le Péloponnèse en 1858.

William Martin Leake (1777-1860): topographe anglais. Membre de la Société des *Dilettanti*. Ses voyages englobent presque tout l'espace grec de la période précédant la Guerre d'Indépendance.

William Linton (1788-1876): artiste anglais. Il visita la Grèce en 1840.

Luigi Mayer (v. 1750-1803): peintre italien. Il séjourna à Constantinople, au service de l'ambassadeur anglais Sir Robert Ainslie, à la fin des années 1780. Il parcourut les côtes de l'Asie Mineure et les îles de la mer Égée orientale en 1792.

Théodose-Achille-Louis, vicomte du Moncel (1821-1884): grand naturaliste français. Il visita la Grèce en 1843 et 1845, poussé par ses intérêts artistiques, archéologiques et scientifiques.

Charles Thomas Newton (1816-1894): archéologue anglais. Vice-consul à Mytilène entre 1852 et 1859. Il publia ses impressions de voyage après ses périples dans les îles du Dodécanèse et en Asie Mineure.

Richard Pashley (1805-1859): juriste et juge anglais. Il visita la Grèce, l'Asie Mineure et la Crète en 1833.

Simone Pomardi (1760?-1830): peintre italien. Il fut engagé par Dodwell à Rome en 1804 pour l'accompagner en Grèce. Il voyagea pendant un an et demi en Grèce continentale, en Thessalie, en Attique, dans le Péloponnèse et les îles Ioniennes, réalisant 600 dessins.

Étienne Rey: peintre français. Il accompagna son compatriote Antoine-Marie Chenavard en Grèce dans le but de reconstituer les monuments anciens en dessins d'architecture.

Otto von Richter (1792-1816): peintre et voyageur natif d'Estonie, fils d'un ministre du culte lituanien. Il entama son voyage vers les Balkans et l'Asie Mineure en 1814. Il visita la Thrace et la Macédoine et mourut brutalement de dysenterie à Smyrne, à l'âge de 24 ans.

Athelstan Riley: voyageur anglais. Il visita les monastères et les skites du Mont Athos pendant l'été 1883. Il étudia des années durant le dogme orthodoxe et les canons de l'Église d'Orient.

Bernard-Eugène-Antoine Rottiers: Belge, descendant d'une famille connue de peintres flamands. Il accomplit une mission scientifique dans le Dodécanèse en 1825-1826.

H. de Saint-Germain: voyageur français. Il entama son périple en septembre 1898 et visita la Crète, l'Attique, la Macédoine et les îles de la mer Égée orientale.

André Grasset de Saint-Sauveur (1751- ?): Français. Vice-consul puis consul, il séjourna à Corfou pendant 17 ans (1781-1798). Il parcourut toute la région des îles Ioniennes et recueillit de précieux renseignements sur leur situation à la fin du XVIIIe siècle.

C. Sayger et **A. Dersarnod:** diplomates de nationalité inconnue. Ils voyagèrent sur l'ordre du tsar Nicolas Ier en Thrace Orientale à la fin du conflit russo-turc et assistèrent à la signature du traité d'Andrinople (septembre 1829).

Antonio Schranz: Espagnol habitant Malte. Il voyagea en Crète avec R. Pashley en 1833.

I. Schranz: Il visita l'Anatolie avant 1850.

Rochford Scott: voyageur anglais. Il se rendit en Crète, vraisemblablement en mission, en 1833-1834. Il recueillit des renseignements d'ordre militaire concernant l'île, et des données sur le commerce et la société.

Franz Sieber (1789-1845): célèbre médecin et botaniste né à Prague de parents autrichiens. Il parcourut la Crète pendant 10 mois en 1817, collectant plantes rares et antiquités. Il vendit par la suite sa collection archéologique à l'Académie des Sciences de Munich.

William Simpson (1823-1899): peintre écossais. Une bonne partie de son œuvre se rapporte aux conflits et à des scènes de genre de la Méditerranée orientale.

Charles-Nicolas Sigisbert Sonnini de Manoncourt (1751-1812): avocat français. Il fit de nombreux voyages en Afrique, en Asie et dans les provinces de l'Empire ottoman. Il visita les îles grecques en 1777-1779.

Thomas A. B. Spratt (1811-1888): voyageur britannique. Commandant du bateau de guerre à vapeur «Spitfire», il effectua en 1851-1853 une mission spéciale en Crète, qu'il interrompit brusquement, ayant demandé de participer à la guerre de Crimée.

Otto-Magnus, baron von Stackelberg (1787-1837): archéologue et artiste estonien. Il se rendit en Grèce en 1810 puis en 1812-1814, après un séjour de deux ans en Asie Mineure. Fait prisonnier par des pirates dans le golfe Pagasitikos en 1814, il échappa de peu à la mort et fut libéré contre rançon.

Dimo (1729-1802) et **Nicolo (1777-1828) Stephanopoli:** l'oncle et le neveu, descendants d'une vieille famille maniate qui avait émigré en Corse. Ils visitèrent le Magne en 1797, sur ordre spécial de Napoléon.

James Stuart (1713-1788) et Nicolas Revett (1720-1804): architectes britanniques. Ils visitèrent l'Attique, Corinthe, Thessalonique et Delphes entre 1751 et 1753. Le fruit de leur travail (dessins et relevés) fut publié par la Société des *Dilettanti* sous le titre *The Antiquities of Athens Measured and Delineated*, 4 vol., Londres 1762-1816.

Charles Texier (1802-1871): archéologue français, diplômé de l'École des Beaux-Arts. Il effectua des voyages en Asie Mineure et à Thessalonique en 1834-1836 et en 1839.

Eugène Melchior, vicomte de Vogüé (1848-1910): homme de lettres et académicien français. Il se rendit au Mont Athos et en Thessalie en 1875. Ses impressions de voyage parurent dans la *Revue des Deux-Mondes*.

Mary Adélaïde Walker: peintre et voyageuse anglaise. Elle se rendit plusieurs fois en Grèce, notamment pendant l'été 1860, où elle visita villes et villages de Macédoine, et en 1896, où elle revint en Macédoine et alla dans les îles de la mer Égée orientale et en Crète.

Samuel Sheridan Wilson (1797-1866): Anglais parlant le grec. Il voyagea en Grèce et notamment dans le Péloponnèse, les îles de la mer Égée et les îles Ioniennes, dans le cadre d'une mission protestante envoyée en 1819 pour promouvoir les thèses de ce dogme. Il proposa l'installation de protestants anglais en Eubée, avec adoption des règles coutumières grecques.

Johann Jacob Wolfensberger (1797-1850): Suisse. Il visita Athènes en 1832. De retour à Zurich, il exposa 200 aquarelles inspirées de la Grèce.

George Newenham Wright: écrivain anglais prolifique. Il consacra la majeure partie de son œuvre à la rédaction et au commentaire des récits de voyage et des ouvrages historiques.

Sir Thomas Wyse (1791-1862): ambassadeur anglais en Grèce entre 1849 et 1862. En mai 1858, il fit un périple d'un mois dans le Péloponnèse.

Îles Ioniennes

1. ZAKYNTHOS,
Dessin J. Cartwright
Les gens de Zakynthos
sont réellement très industrieux,
un peuple honnête qui vit à l'aise,
car le travail abonde
et les mendiants sont tous des étrangers. [...]
Zakynthos est la plus riche
de la République des Sept-Îles.
Nicholas Biddle in Greece:
the Journals and Letters of 1806,
éd. R. A. McNeal, Pennsylvania State
University Press, 1991
2. Zakinthos (Zante).
La fameuse plage du Navagio, «Navire naufragé»

1

2

3

5

6

4

3. CORFOU. VUE DEPUIS L'ÎLE DE VIDOS, Dessin J. Cartwright
Les anciens noms sont Scheria, l'île des Phéaciens, et Corcyre.
Son histoire primitive serait probablement complètement inconnue
si Homère n'avait immortalisé le nom et la gloire d'Alcinoos ainsi que les exploits
des hardis marins dont la postérité fut assurée auprès des générations de Grecs grâce à leur supériorité sur mer.
J. Cartwright, *Views of the Ionian Islands*, Londres 1821
4. CORFOU. FESTIVITÉS, Dessin J. Cartwright
Les groupes du premier plan, à côté du Souliote, avec les capes épaisses, le châle autour de la tête,
sont des paysans corfiotes en costume de fête, de même que ceux qui sont autour de la table. [...]
L'endroit où un groupe entame la danse pyrrhique est considéré, en raison des nombreux fragments
de colonnes qui y ont été découverts, comme étant le site de l'ancienne Corcyra,
et est appelé de nos jours Paleopolis.
J. Cartwright, *Views of the Ionian Islands*, Londres 1821
5. Corfou (Kerkira). Vue de Paleokastritsa
6. Corfou. Sidari

7

9

7. PAXI, Dessin E. Lear
Les demeures les plus cossues,
resplendissantes de blancheur,
mais sans beauté architecturale,
longent le quai.
E. Lear, *Views in the Seven Ionian Islands*,
Londres 1863
8. Paxi. Vue du port
9. Vue générale de Corfou.
Le vieux fort et la ville

10

10. ARGOSTOLI, Dessin J. Cartwright
Argostoli s'est considérablement agrandi ces trois dernières années,
et quelques belles demeures s'y sont construites récemment.
J. Cartwright, *Views of the Ionian Islands*, Londres 1821
11. Céphalonie (Kefalonia). Assos
12. Céphalonie. Vue du port de Fiskardo

11

12

13

15

13. ITHAQUE, Dessin E. Dodwell

Τήμος δε νήσω προσεπίλνατο ποντοπόρος νηός
Φόρκυνος δε τις εστί λιμήν αλίοιο γέροντος
Εν δήμω Ιθάκης· δύο δε προβλήτες εν αυτώ
Ακταί απόρρωγες, λιμένος ποτιπεπτηυίαι
Αι τ' ανέμων σκεπόωσε δυσάηων μέγα κύμα
Έκτοθεν-έντοσθεν δε άνευ δέσμοιο μένουσι
Νήες εύσσελμοι, όταν όρμου μέτρον ίκωνται.
E. Dodwell, *A classical and Topographical Tour through Greece*, Londres 1819*

Le navire de mer arrivait devant l'île.
Il est un port dit de Phorcys, le Vieillard de la mer,
au pays d'Ithaque; les deux falaises qui s'avancent
et embrassent le havre en s'abaissant vers lui
le protègent de la violence des vents et de la houle
de l'extérieur; au-dedans, les vaisseaux bien pontés
n'ont plus que faire d'amarre
quand ils ont atteint le point de mouillage.
Homère, *Odyssée*, XIII, 95-101

** Dodwell joint un texte qui diffère quelque peu de celui d'Homère (par exemple, νηός au lieu de νηύς, et quelques accents manquants).*

16

14

14. LEUCADE. LE SAUT DE SAPPHO,
AU CAP DOUKATOS*, Dessin J. Cartwright
On célébrait en ces lieux
la fête d'Apollon Leucadien,
au cours de laquelle un criminel condamné à mort
était jeté dans la mer du haut de la falaise.
Il lui était permis de se harnacher le corps
de plumes et d'oiseaux pour amortir
en quelque mesure la chute.
S'il parvenait à survivre au choc,
il était recueilli par des bateaux
et recouvrait la liberté.
J. Cartwright, *Views of the Ionian Islands*,
Londres 1821
15. Ithaque. Vathi, chef-lieu de l'île
16. Leucade (Lefkada). Porto Katsiki,
plage enchanteresse
17. Lefkada. Nidri

** Cet endroit a pris le nom de Saut de Sappho en raison de la légende qui raconte que la poétesse Sappho se jeta du haut de la falaise, désespérée de ne pas être aimée de Phaon. Il y avait aussi un temple d'Apollon.*

17

18

Péloponnèse

18. MYCÈNES. LA PORTE DES LIONS,
Dessin E. Dodwell
La Porte des Lions, entrée principale
de l'acropole mycénienne,
subsiste encore telle qu'elle était au IIe siècle lors
de la visite de Pausanias,
qui nous dit qu'on en attribuait
la construction aux Cyclopes.
E. Dodwell,
A Classical and Topographical Tour through Greece,
Londres 1819
19. Mycènes. La Porte des Lions,
ouverture sur la civilisation mycénienne

19

20

22

21

23

20. NAUPLIE, Dessin J. d'Esturnel
Le premier aspect de Nauplie est tout à fait favorable;
sa position est d'abord extrêmement pittoresque,
et de plus elle annonce une grande ville,
apparence qu'elle doit sans doute aux fortifications
dont elle est entourée. Les maisons y sont aussi
plus belles et plus régulières qu'à Athènes.
Th. du Moncel, *Excursion par terre d'Athènes à Nauplie*, Paris 1845
21. CORINTHE, Dessin Th. du Moncel
Dans le mot seul de Corinthe,
je voyais la grandeur et les vicissitudes
de cette magnifique cité, où les femmes étaient si belles,
où le culte de l'amour était plus célébré que partout ailleurs.
Th. du Moncel, *Excursion par terre d'Athènes à Nauplie*, Paris 1845
22. Nauplie (Nafplio).
L'îlot du Bourdzi, la ville et le Fort Palamède
23. Ancienne Corinthe

24

27

25

26

28

24. CORON, Dessin A. L. Castellan
La porte d'entrée de la citadelle de Coron,
indépendamment de son aspect pittoresque,
est d'un style qui a quelque rapport avec les portes de Constantinople [...]
mais le reste de la décoration de cette entrée
doit être attribué aux Vénitiens.
A. L. Castellan, *Lettres sur la Morée, l'Hellespont et Constantinople*,
Paris 1820

25. NÉMÉE, Dessin A. Blouet
Pausanias fait mention du temple de Jupiter Néméen,
comme d'un monument digne d'être vu,
quoique de ce temps déjà le temple n'eût plus de toit,
et qu'il n'y restât plus de statue. Le mont [...] où Persée sacrifia
pour la première fois à Jupiter dominait la ville.
A. Blouet, *Expédition scientifique de Morée*, Paris 1838

26. Némée. Ruines du temple de Zeus

27. Methoni. Une portion de la forteresse

28. Vue de Dimitsana, bourgade traditionnelle

29. THÉÂTRE D'ÉPIDAURE, Dessin E. Rey
L'un des mieux conservés et le plus grand qui existe. Son aspect est imposant et son étendue immense.
La pente des gradins a été combinée de manière que de toutes les places
de cette vaste colline de marbre, l'œil pouvait plonger sur l'orchestre et la scène.
E. Rey, *Voyage pittoresque en Grèce et dans le Levant,* Lyon 1867
30. PATRAS, Dessin Garneray
La ville de Patras, placée dans la situation la plus heureuse,
à raison de la fertilité de son sol en toutes sortes de productions et de sa proximité des ports de l'Italie,
a conservé l'importance commerciale qu'elle avait autrefois.
O. M. von Stackelberg, *La Grèce. Vues pittoresques et topographiques*, Paris 1834

30

31

32

31. Le théâtre ancien d'Épidaure,
modèle d'excellence dans l'architecture.
32. Patras. Vue de la forteresse

33

35

33. MISTRA, Dessin W. Barlett
Autrefois, le château de Mistra passait pour la place la plus puissante de Morée. [...]
Quand Mahomet II entra à Constantinople, chassa Constantin, mit fin à l'Empire grec
et envoya ses hordes dévaster la Morée, Thomas et Dimitrios, les frères de Constantin,
trouvèrent asile dans la forteresse de Mistra.
G.N. Wright, *The Rhine, Italy, and Greece*, Paris 1841
34. MEGA SPILEON, Dessin E. Dodwell
Il se dresse sur une crête étroite et escarpée, au débouché d'une vaste grotte naturelle.
Une grande partie de l'intérieur de l'édifice se trouve dans la grotte elle-même ou en dépasse à peine.
Il s'agit d'une volumineuse construction très blanche, d'une forme étonnante et peu ordinaire. [...]
Une majestueuse falaise de 130 à 170 mètres s'élève au-dessus de la grotte.
E. Dodwell, *A Classical and Topographical Tour through Greece*, Londres 1819
35. Mistra. Vue de la cité byzantine

36

36. MARATHONISI-GITHION, Dessin D.-N. Stephanopoli
Quelle solitude! Quel silence! Ce n'est plus cette île bruyante où se tenaient,
à l'abri des vents, les vaisseaux et les galères de Lacédémone,
où le perfide Pâris vint jouir des premiers fruits d'un enlèvement
qui mit en feu l'Europe et l'Asie.
Voyage de Dimo et Nicolo Stephanopoli en Grèce pendant les années 1797 et 1798, Londres 1800
37. Mani. Le pittoresque Limeni
38. Mani. La tour Tzanetakis
39. TEMPLE D'APOLLON À BASSAE, Dessin C. R. Cockerell
Les bas-reliefs de ce temple, qu'on croit être en marbre blanc de Paros,
et qu'on déterra des décombres, furent, après de nombreuses difficultés,
transportés à Zante [Zakinthos] et mis en ordre, de là ils ont passé à Munich.
La fondation de ce temple fut faite la deuxième et la troisième année de la quatre-vingt-septième olympiade,
dans la deuxième année de la guerre du Péloponnèse, 430 ans avant Jésus-Christ.
O. M. von Stackelberg, *La Grèce. Vues pittoresques et topographiques*, Paris 1834

37

38

39

40

42

43

41

40. OLYMPIE, Dessin A. Blouet
On reconnaît distinctement la forme
en fer à cheval de l'ancien stade d'Olympie,
qui s'étend jusqu'au bord du fleuve. [...]
Elle paraît plus importante
et d'un aspect plus agréable.
O. M. von Stackelberg,
La Grèce. *Vues pittoresques et topographiques*,
Paris 1834
41. Olympie. Le site archéologique
42-45. Olympie. Allumage de la flamme Olympique.

4

45

46

48

46. Monemvassia,
forteresse naturelle entourée par la mer
47. CYTHÈRE, Dessin E. Lear
Le rocher sur lequel se trouvent le fort
et la petite ville, le double port à leur pied,
et la hauteur imposante qui dresse derrière eux
sa robuste silhouette, forment une image
tout à fait caractéristique. Les austères montagnes,
riches en couleurs mais pauvres en végétation,
s'étendent jusqu'à la mer, dont l'homme attaché à la terre,
inquiet, observe les vagues avec anxiété.
E. Lear, *Views in the Seven Ionian Islands*, Londres 1863
48. MONEMVASSIA, Dessin V. Lanza
Alors que nous avancions, une vue extraordinaire
se présenta devant nous – un haut rocher abrupt,
nu de tout arbre, maison ou animal, presque une île,
très escarpé du côté de la mer, incliné du côté de la terre,
mais pas de manière régulière, et relié par un long pont
apparemment de piètre facture avec la colline d'en face,
qui s'élève plus doucement à partir du rivage
et possède davantage de verdure.
V. Lanza, *An Excursion in the Peloponnesus*, Londres 1865
49. Cythère (Kithira). Vue sur le port, du haut de la forteresse

49

50

Athènes, Attique

50. COLONNES DE ZEUS OLYMPIEN.
L'ACROPOLE,
Dessin J. C. Hobhouse
Quittant les murs et marchant à travers les champs de céréales, sur le sol embarrassé de cailloux et de crevasses, on arrive au bout de 200 m environ à un endroit nivelé et dallé: il semble artificiellement surélevé, comme on peut le comprendre à partir de quelques murs de fondation du côté est et vers le lit de l'Ilissos qui coule à 100 pas au sud. Sur cette petite aire se dressent les seize colonnes cannelées de style corinthien appartenant au temple achevé par Hadrien et que d'aucuns appellent Panthéon, et d'autres, temple de Zeus Olympien.
Lord Broughton [J. C. Hobhouse], *Travels in Albania and Others Provinces of Turkey in 1809 and 1810*, Londres 1855, p. 245

51. Colonnes du temple de Zeus Olympien et au fond, l'Acropole

51

52

53

54

52. ATHÈNES. PANAGHIA SPILIOTISSA,
Dessin J. Stuart, N. Revett
Juste au-dessus de l'endroit où je supposais qu'avait été construit l'Odéon de Périclès*, il y a dans le rocher de l'Acropole une caverne ou une grotte dont l'entrée est en façade et entièrement clôturée. Cette caverne est de nos jours une église chrétienne appelée Panaghia Spiliotissa, c'est-à-dire Vierge de la Grotte.
J. Stuart, N. Revett, *The Antiquities of Athens*, Londres 1762

53. VUE OUEST DE L'ACROPOLE,
Dessin J. C. Hobhouse
[...] la statue colossale de la déesse se dressant majestueusement au sommet de son temple, génie de l'Acropole, divinité tutélaire d'Athènes et de la Grèce.
Lord Broughton [J. C. Hobhouse],
Travels in Albania and Others Provinces of Turkey in 1809 and 1810, Londres 1855

54. Le Parthénon illuminé ; au fond, l'église Saint-Georges, sur la colline du Lycabette

** Selon Plutarque, Périclès construisit le premier Odéon pour qu' y soient récités des poèmes et données des conférences philosophiques au moment de la fête des Panathénées.*

55

56

57

55. Le théâtre d'Hérode Atticus,
le site archéologique
de l'Acropole,
le parc du Zappeion
et au fond,
le stade Panathénien,
tout de marbre
56. Théseion.
Le temple d'Héphaïstos
57. THÉSEION,
Dessin Th. du Moncel
La vue est prise de manière
à laisser apercevoir
une petite portion
de la ville et la partie nord
de l'Acropolis.
Le temple de la Victoire,
l'aile nord des Propylées
avec son piédestal,
la Tour du moyen âge,
la grotte de Pan,
le Parthénon, l'Erechtheum.
Th. du Moncel,
Vues pittoresques
des monuments d'Athènes,
Paris 1845

58

59

58. ATHÈNES. TOUR DES VENTS,
Dessin A. M. Chenavard
Ce monument en marbre est du temps des guerres qui éclatèrent entre les successeurs d'Alexandre, vers l'an 300* [...] Ce Triton, dit-il, tenoit de sa main droite une baguette, de laquelle il montroit le vent qui souffloit, étant disposé de manière à pouvoir facilement se tourner.
A. M. Chenavard, *Voyage en Grèce et dans le Levant*, Lyon 1858

61

60

59. La «Tour des Vents» à Plaka,
au pied du rocher de l'Acropole
60. ATHÈNES. AGORA ROMAINE,
Dessin J. J. Wolfensberger
Telles étaient les diverses occupations
auxquelles servait ce vaste jardin municipal
– telle était la multitude de l'ornementation
qui jadis attirait le philosophe, le soldat,
l'homme d'État et le commerçant.
Il ne reste de toute cette splendeur grecque
qu'un seul vestige: la porte d'entrée principale,
dont la vue précède ces ruines.
On peut lire à proximité
les tarifs du marché d'Hadrien,
aussi parfaitement lisibles
que lorsque la Grèce abattue
se soumit silencieusement à ses conditions.
G. N. Wright, *The Rhine, Italy, and Greece*,
Paris 1841
61. L'agora romaine

** Cette donnée est fausse. La «Tour des Vents», ou plus exactement l'Horloge d'Andronikos Kyrrèstos, est un édifice du Ier siècle avant Jésus-Christ. C'est une tour octogonale ornée de sculptures représentant les vents.*

62

64

63

65

62. MONASTÈRE DE DAPHNI, Dessin E. Rey
À l'extrémité d'une descente,
nous voyons dans un vallon ouvert
le monastère de Daphni. Ce monument,
d'une architecture byzantine très remarquable,
a été dévasté par les Turcs, dans la dernière guerre*.
Les restes des riches peintures en mosaïque
qui décoraient son église fixèrent notre attention.
E. Rey, *Voyage pittoresque en Grèce et dans le Levant*, Lyon 1867
63. ÉLEUSIS, Dessin Th. du Moncel
On retrouve à Éleusis [...] des débris de tous les temps
et de toutes les formes: des soubassements, des architraves,
des tambours de colonne, des chapiteaux,
des débris de moulures, qui témoignent
de l'importance d'Éleusis dans l'Antiquité.
Th. du Moncel, *Excursion par terre d'Athènes à Nauplie*,
Paris 1845
64. Détail d'une mosaïque du monastère de Daphni
65. Le site archéologique d'Éleusis

* *Le monastère de Daphni, dont les racines remontent à l'époque protochrétienne (Ve-VIe s.), fut assiégé et conquis par les Turcs pendant la Guerre d'Indépendance de 1821.*

66

66. LE PIRÉE, Dessin H. Belle (?)
Ceux qui croient ou affectent de croire
que la Grèce est un pays sans avenir
n'auraient eu qu'à voir la ville du Pirée,
pour juger moins sévèrement le nouveau royaume.
Je reconnais que c'est là,
et aux deux portes de Syra et de Patras,
que le progrès réalisé se constate le mieux.
H. Belle, *Trois années en Grèce*, Paris 1881
67. SOUNION, Dessin Simpson
Il était de style dorique et hexastyle,
les colonnes s'élevaient à neuf mètres environ;
l'ensemble du monument était fait de marbre très blanc,
et de l'architecture la plus parfaite. [...]
La blancheur du marbre s'est probablement conservée
en raison du vent de la mer. [...]
Le rocher sur lequel se dressent les colonnes est abrupt,
mais ni inaccessible ni très haut.
Lord Broughton [J. C. Hobhouse],
Travels in Albania and Others Provinces of Turkey
in 1809 and 1810, Londres 1855
68. Vue du Pirée
69. Sounio. Le temple de Poséidon
dominant le cap.

68

67

69

70

71

72

73

70. SALAMINE.
MONASTÈRE PHANEROMENIS,
Dessin S. S. Wilson (?)
Nous parvînmes dans la soirée
au monastère fortifié de la Vierge
appelé Phaneromeni,
situé à quelques centaines de pas de la mer,
à l'extrémité nord-ouest de Salamine [...]
L'intérieur de l'église est richement décoré
dans le style de l'Église orthodoxe.
E. Dodwell, *A Classical and Topographical Tour through Greece*, Londres 1819
71. Salamina (Salamine).
La bourgade de Maroudi
72. POROS, Dessin W. Linton
On pourrait appeler Poros
le Portsmouth de la Grèce,
et elle possède l'un des plus beaux ports
au monde. La ville est bâtie
sur la crête de roches de granit
et a fort belle apparence,
avec sa vaste baie
et les montagnes environnantes.
W. Linton, *The scenery of Greece and its islands*,
Londres 1856
73. Poros

74

76

74. HYDRA, Dessin A. L. Castellan
La ville d'Hydra présente un aspect fort pittoresque.
Elle est construite sur plusieurs rochers pyramidaux,
qui forment amphithéâtre autour du port,
et portent, sur leur cime, des moulins à vent
d'une structure particulière, et armés de six à huit ailes.
A. L. Castellan, *Lettres sur la Morée, l'Hellespont et Constantinople*, Paris 1820

75. Hydra. Le port

76. Egina (Égine). Le temple d'Aphaia Athéna

77. ÉGINE. TEMPLE D'APHAIA, Dessin E. Dodwell
C'est probablement le plus ancien temple
de Grèce après celui de Corinthe.
Si l'on en croit Pausanias, il fut fondé par Éaque*,
fils de Zeus. Il semble bien qu'à une époque reculée,
Zeus ait été la divinité préférée des gens d'Égine.
E. Dodwell, *A Classical and Topographical Tour through Greece*, Londres 1819

* *Éaque, fils de Zeus et d'Égine.*

75

77

Eubée

78. Eubée (Evia).
Le pont suspendu de l'Euripos.
79. CHALKIDA,
Dessin J. C. R. Helpman, tableau C. Stanfield
Comme nous passions le pont, l'eau coulait vers le sud.
L'irrégularité du flux et du reflux de la mer
en ces lieux a été considéré depuis la nuit des temps
comme un phénomène très impressionnant.
W. Brockedon,
Finden's Illustrations of the life and works of Lord Byron,
Londres 1833

78

80. Eubée. Le mont Difri
81. Eubée. La très belle plage
de Kalamos
82. EUBÉE.
DANSE À AGHIA-ANNA,
Dessin H. Belle (?)
L'Eubée du Nord est renommée
pour ses danses;
celle qu'exécutaient les habitants
de Mantoudi s'appelle *sirtos*,
et n'est, je pense,
que la représentation chorégraphique
du mouvement rythmé
des pêcheurs
halant leur filet sur la plage.
H. Belle,
Voyage en Grèce (1868-1874),
Paris 1876

81

82

83

Grèce Centrale

83. DELPHES.
LA FONTAINE CASTALIE,
Dessin E. Dodwell
Dans l'Antiquité, l'eau qui sourd
du rocher aboutissait à une cavité
où elle était conservée pour servir
à la Pythie et aux devins sacrés. [...]
Dans l'*Hymne à Apollon*, Homère
cite la fontaine Delphousa en cet endroit,
voulant certainement parler
de la fontaine Castalie.
E. Dodwell,
A Classical and Topographical Tour through Greece,
Londres 1819
84. Delphes. La tholos

84

85

85. Lamia. Un aspect de la forteresse
86. ZITOUNI*, Dessin S. Pomardi
Le château de Zitouni domine une perspective particulièrement belle et intéressante. Il n'est pas d'autre lieu, sis à une altitude semblable, pour offrir une vue aussi complète de la campagne qui entoure le fond du golfe Maliaque, ou du moins, pour aider de manière si décisive à comprendre les événements historiques fameux survenus dans cette région.
W. M. Leake, *Travels in Northern Greece*, Amsterdam 1967
87. Les Thermopyles. Statue de Léonidas
88. THERMOPYLES, Dessin W. Haygarth
Ils entendirent, et sur leurs boucliers
Scandant le rythme du chant guerrier avec une noble fureur,
Ils se ruèrent tête baissée dans la confusion de la bataille
Et périrent, comme ils avaient vécu, triomphants
Imprimant profondément cette histoire dans nos cœurs;
Et quand la patrie nous appelle dans nos contrées
À lutter pour la liberté, souvenons-nous de ceux-là
Qui versèrent leur sang, insoumis, aux côtés de Léonidas!
W. Haygarth, *Greece a Poem*, Londres 1814

* *Nom de Lamia pendant la domination ottomane.*

86

87

88

89

91

90

89. GALAXIDI, Dessin S. Pomardi
Ainsi parvînmes-nous au port de Galaxidi, qui est assez vaste et relativement sûr.
Le village se trouve à l'extrémité d'une péninsule qui pénètre dans le port,
et est entouré sur l'arrière par les montagnes.
Galaxidi doit son nom aux îlots blancs qui se trouvent dans le port;
l'endroit connaît une forte activité commerciale,
et ses navires voyagent dans l'Archipel et en Méditerranée.
S. Pomardi, *Viaggio nella Grecia*, Rome 1820
90. Galaxidi
91. Agios-Konstantinos. Le port

92

92. LIVADIA, Dessin R. R. Farrer (?)
À la sortie de la ville,
une vue grandiose attend le voyageur.
Le torrent tumultueux
se déverse d'abruptes parois calcaires
à travers lesquelles il s'est entortillé
sur presque un kilomètre et demi,
et en cet endroit se déploie
le plus haut de ces vieux ponts
si pittoresques qui relient ses rives
par intervalles tout au long de la ville.
R. R. Farrer, *A Tour in Greece,*
Édimbourg - Londres 1882
93. MESSOLONGHI,
Dessin L. F. S. Fauvel
Le sort des Grecs ayant intéressé
le monde entier en leur faveur,
une grande quantité d'Européens
vinrent prendre part à cette lutte;
de ce nombre fut Lord Byron,
qui leur apporta des secours
et vint séjourner à Missolonghi.
On découvre dans la vue
de cette ville la maison
que cet homme de génie y habita.
O. M. von Stackelberg,
La Grèce. Vues pittoresques
et topographiques, Paris 1834
94. Messolonghi et la lagune

93

94

95

97

95. ARACHOVA, Dessin E. Rey
Nous prîmes la route de Delphes, par Arachova -gros village-,
renommé dans toute la Grèce pour son vin
et la beauté de ses habitants.
E. Rey, *Voyage pittoresque en Grèce et dans le Levant*, Lyon 1867
96. SALONA*, Dessin E. Dodwell
La forteresse de Salona est une vaste ruine
d'une construction franque ou grecque des temps modernes,
bâtie sur les vestiges des murs d'une cité antique;
la tour de la forteresse occupe la place de l'acropole
et ses murs extérieurs suivent à peu près les murs de celle-ci.
W. M. Leake, *Travels in Northern Greece*, Amsterdam 1967
97. Vue sur la pittoresque bourgade d'Arahova
98. Aghios-Nikolas, à Amfissa
99. Le port de la cité historique de Nafpaktos

** Nom d'Amfissa pendant la domination ottomane.*

96

98

99

100. PARNASSOS, Dessin E. Dodwell
Le dessin de cette montagne est doux; il ressemble à l'Olympe de Thessalie,
et l'épithète *«polytheiras»* lui sied mieux que celle de *«thikorymbos»*, ou bicéphale, que lui donne Homère,
qui ne convient qu'aux Phédiadres, au-dessus de Delphes.
C'est en ce sens qu'il est qualifié de *«dikoryphos»* par Euripide et de *«dilophos»* par Sophocle.
E. Dodwell, *A Classical and Topographical Tour through Greece*, Londres 1819
101. Parnassos. La station de sports d'hiver, parmi les sommets enneigés
102. Parnassos. Skieurs

100

101

102

Thessalie-Sporades du Nord

103. PORTARIA, Dessin E. Dodwell
Nous escaladâmes le flanc de la montagne,
dans les antiques contrées des géants
et des centaures, et visitâmes
quelques villages très pittoresques. [...]
Les rues sont irriguées de petits ruisseaux
qui coulent sans cesse et par des fontaines d'eau claire,
et elles sont abritées par des platanes,
des figuiers et des châtaigniers gigantesques
entrelacés de vastes ramures de vignes
de dimensions extraordinaires.
E. Dodwell, *A Classical and Topographical Tour through Greece*, Londres 1819
104. Architecture du Pilion à Vizitsa

103

104

105

107

105. VOLOS, Dessin V. Coronelli,
dans son édition *Archipelago*, Venise 1685
Nous arrivâmes à la forteresse de Volos. [...]
Ce charmant endroit présente
parmi ses riches mélanges de feuillages
et ses formes diverses de végétation,
le platane et sa vaste luxuriance,
le châtaigner dans sa majestueuse robustesse,
le peuplier ondulé et l'ambitieux cyprès,
dans une harmonieuse alternance avec la vigne,
le grenadier, l'amandier et le figuier. [...]
Les maisons ont une apparence d'élégance
et de confort que je n'ai rencontrée
nulle part ailleurs en Grèce.
E. Dodwell,
A Classical and Topographical Tour through Greece,
Londres 1819

108

06

109

106. TRIKALA, Dessin A. Kohl
Nous nous dirigeons vers le sud-est,
où nous saluent les tours blanches d'une ville.
C'est Trikala (ou Trihala),
la première agglomération d'importance
sur le chemin qui va du Pinde à l'Olympe.
Elle n'est pas construite sur les rives du Pénée,
mais plus au nord, sur l'un de ses affluents,
et ses eaux arrosent une charmante végétation.
A. F. von Schweiger-Lerchenfeld,
Griechenland in Wort und Bild, Leipzig 1882
107. Volos. Une partie du port
et Agios-Konstantinos
108. Trikala. Habitat traditionnel à Vardoussi
109. Le lac Plastira

110. MÉTÉORES,
Dessin O. M. von Stackelberg
Au milieu de la vue s'élève,
détachée du terrain en pente,
une masse de rochers imposante
et majestueuse, rompue
et fendue perpendiculairement
dans quelques parties,
au point que, dans un endroit,
le jour paraît à travers la fissure.
O. M. von Stackelberg,
La Grèce. Vues pittoresques et topographiques,
Paris 1834

112

113

111. MÉTÉORES, Dessin L. Dupré
Ils sont posés sur la pointe de rochers à pic,
comme l'aire d'un aigle;
ces chartreuses aériennes méritent leur nom.
J'en comptai dix assez bien conservées.
Je m'arrêtai quelque temps,
frappé d'un coup d'œil si nouveau,
puis je rejoignis mes compagnons
au pied d'un des rochers.
L. Dupré, *Voyage à Athènes et à Constantinople*,
Paris 1825
112. Uniques au monde, impressionnants,
les pitons rocheux des Météores
113. Kalabaka. Les Météores

114. LARISSA. MAISON PAYSANNE, Dessin E. Dodwell
Larissa commande 100 villages, dont la majeure partie se situent dans la plaine alentour.
Les jardins en grand nombre lui donnent l'aspect d'un immense village dispersé. [...]
Les jardins possèdent des puits et de multiples essences d'arbres,
parmi lesquels les cyprès se distinguent tout particulièrement.
E. Dodwell, *A Classical and Topographical Tour through Greece*, Londres 1819
115. La plage de Velika, en Thessalie
116. Ambelakia. Fresque, maison patricienne de G. Schwartz

114

115

116

118

119

117. Skiathos. Koukounariès
118. SKOPELOS, Dessin O. M. von Stackelberg
Sur le premier plan, à gauche, l'œil aperçoit
une hauteur et un ravin, près duquel se trouvent
quelques arbres à sombre feuillage.
La terre est couverte de broussailles.
Plus loin, se montre la plaine qui descend vers la côte;
elle est également couverte de végétaux,
dont la couleur claire contraste avec le bleu foncé
de la mer qui borne l'horizon.
O. M. von Stackelberg,
La Grèce. Vues pittoresques et topographiques,
Paris 1834
119. Skopelos

120. SKYROS, Dessin baron de Toll
Les habitations sont répandues sur le penchant de la montagne et jusqu'au rivage.
Chacun a dans la partie supérieure une seconde maison,
où il se retire en cas de danger, et où il conserve ce qu'il a de plus précieux.
M.G.F.A. de Choiseul-Gouffier, *Voyage pittoresque de la Grèce*, Paris 1782
121. Alonissos
122. Skyros

121

122

123

Épire

123. PARGA, Dessin E. Lear
...nous descendîmes jusqu'au rivage,
au pied du petit promontoire sur lequel
se trouvait la citadelle de cette contrée infortunée;
hélas, la ville et la forteresse
ne sont plus désormais
que de vieux murs en ruines,
car Parga a été abandonnée.
E. Lear, *Journals of a Landscape Painter in Albania*,
Londres 1851
124. Parga

124

125

125. PRÉVÉZA, Dessin A.-G. Saint-Sauveur, extrait de son livre *Voyage historique, littéraire et pittoresque dans les Isles et possessions ci-devant vénitiennes du Levant*, Paris 1800

Ici, le port est charmant, mais trop peu profond pour que de grands navires y puissent mouiller, et avec des écueils fort gênants. [...]
Les constructions du côté de la mer sont toutes faites de pierres qui proviennent d'Actium et de Aghios-Petros, non loin de là, l'ancienne Nikopolis.
Au temps des Vénitiens, Prévéza n'était pas fortifiée. Maintenant, le pacha* l'a transformée en place forte, avec un assez grand nombre de forts et un profond fossé en travers de l'isthme.
S. P. Cockerell, *Travels in Southern Europe and the Levant, 1810-1817*, Londres 1903, journal de Charles Robert Cockerell, publié par son fils.

126. THÉÂTRE DE NIKOPOLIS, Dessin E. Lear

Malgré l'ampleur des dégâts causés à Nikopolis par Ali pacha, qui en a emporté une grande partie pour construire ses palais à Prévéza, il y a encore une grande beauté dans ce qui reste; et la vue du haut des gradins du grand théâtre s'étend sur tout le golfe d'Ambrakia.
E. Lear, *Journals of a Landscape Painter in Albania*, Londres 1851

** Il s'agit d'Ali pacha (1750-1822), gouverneur de Ioannina.*

126

127

128

127. Ruines de l'ancienne Nikopolis
128. Soir à Prévéza

129

130

132

129, 133. Autres formes de tourisme en Épire
130. METSOVO, Dessin H. Holland
La ville de Metsovo occupe un site tout à fait privilégié,
non loin de l'une des sources du fleuve d'Arta*. [...]
Le mélange d'arbres et de bâtiments renforce la singularité
de l'impression que suscite leur emplacement,
de même que la situation d'ensemble de ces lieux.
H. Holland, *Travels in the Ionian isles, Albania, Thessaly, Macedonia, during the years 1812-1813*, Londres 1815
131. SOULI, Dessin E. Lear
Je contemplai les formes étranges et silencieuses autour de moi,
brillant à la clarté de la lune, habillant d'argent
les orgueilleuses et imposantes hauteurs alentour.
Depuis des années, ces montagnes n'ont presque
jamais cessé de retentir de cris de haine,
de désespoir et d'agonie; à présent, tout est silence,
à l'instar des acteurs de ce terrible drame.
E. Lear, *Journals of a Landscape Painter in Albania*, Londres 1851
132. La ville de Metsovo, dans les montagnes d'Épire

* *L'Arahthos.*

131

133

134

134. IOANNINA, Dessin E. Lear

De quelque point de vue que l'on se place, les beautés de ce lieu éloigné sont innombrables, et ne cessent de croître au fur et à mesure qu'on l'observe; et le problème serait plutôt de savoir où s'installer pour peindre l'immense variété de combinaisons de lacs et de montagnes. Le bazar est lui aussi très intéressant, avec son interminable exposition de produits en bois, de bijoux nationaux et broderies.

E. Lear, *Journals of a Landscape Painter in Albania*, Londres 1851

135. Monodendri, dans la région de Zagorohoria

136. Le lac, l'îlot de Nisaki et, au fond, la ville de Ioannina

135

136

137

137. Le village de Pramada,
sur les flancs enneigés du mont Tzoumerka
138. PONT PRÈS D'ARTA,
Dessin G. Beresford
Blé et maïs sont les principaux
produits d'Arta, avec le vin,
dont on fait 20 000 chargements [...],
l'orge, l'avoine, le lin, le tabac,
le riz et les féculents. [...]
Arta fournit à Ioannina
la plus grande partie de ses fruits
et ses légumes, notamment les oranges.
W. M. Leake, *Travels in Northern Greece*,
Amsterdam 1967
139. Art épirote. Le pont Kalogeriko
140. Le pont d'Arta

138

139

140

141

142

141. Le grand et le petit Papingos,
au pied des sommets imposants du Gamila
142. Vue des magnifiques Sivota, en Épire

144

143

Macédoine

143. THESSALONIQUE,
Dessin L. F. S. Fauvel, extrait de l'édition E. M. Cousinery, *Voyage dans la Macédoine*, Paris 1831

Installée en grande partie
sur le versant d'une colline
qui s'élève à l'extrémité de cet imposant bassin
qui surplombe le golfe Thermaïque,
entre les caps Vardar et Karabournou,
entourée de murs blancs impressionnants
dont toute l'étendue,
comme d'ailleurs la ville dans son ensemble,
apparaît clairement depuis la mer,
elle offre un aspect qui ne laisse d'étonner
quiconque l'aborde de ce côté...

W. M. Leake, *Travels in Northern Greece*, Amsterdam 1967

144. Vue générale de Thessalonique, avec la tour Blanche

145. Thessalonique. La place Aristotelous

145

146

148

146. La Rotonde, entourée des constructions modernes
147. Halkidiki (Chalcidique)
148. THESSALONIQUE. ROTONDE, Dessin C. Texier
L'église de Saint-Georges est sans conteste
l'un des plus intéressants échantillons de l'architecture
paléochrétienne qui existent en Orient.
Le style original de cet édifice a souvent retenu l'attention
des antiquaires, mais aucun d'entre eux n'y a reconnu
l'un des plus anciens bâtiments érigés par des bras chrétiens.
C. Texier, *Byzantine Architecture*, Londres 1864
149. THESSALONIQUE. ÉGLISE AGION-APOSTOLON,
Dessin M. A. Walker
Les combinaisons de couleurs de cette vieille église
sont très riches: le bâtiment lui-même est brun-rouge foncé,
marqué de taches de mousse.
Des majestueux cyprès, presque noirs à force d'être vert foncé,
poussent d'un côté, et de l'autre, de hauts platanes
de formes moins austères et de tons plus doux.
M. A. Walker, *Through Macedonia to the Albanian Lakes*,
Londres 1864

147

149

150

150. Tour à Nea Fokea, en Chalcidique

151

151. MONT ATHOS. SIMONOPETRA,
Dessin A. Riley
Nous sortîmes sur le balcon
situé devant la chambre où nous étions assis.
Quelle vue splendide! [...]
En dessous, le petit port
où nous avions débarqué le matin,
et le golfe de la sainte Montagne.
A. Riley, *Athos or the Mountain of the Monks*,
Londres 1887

152. Un aspect du monastère de Vatopedi

153. MONT ATHOS. MONASTÈRE DIONYSIOU,
Dessin E. M. de Vogüé (?)
On y grimpe par un sentier en lacets,
on pénètre par derrière en franchissant le torrent
sur le pont-levis, on débouche du porche voûté
sur un étroit plateau où les constructions ramassées
se pressent autour de l'église
comme si elles tremblaient de tomber dans l'abîme.
E. M. de Vogüé , *Syrie, Palestine, Mont Athos. Voyage au pays du passé*, Paris 1887

154. Mont Athos. Le monastère de Simonopetra

154

152

153

155

158

155. VODENA*, Dessin E. Lear
...ni Sparte ni Larissa, bien qu'elles combinent toutes deux
au plus haut point majesté et splendeur du paysage,
ne m'impressionnent autant que les rochers,
les cataractes et les hautes vallées de Vodena. [...]
C'est là, indubitablement, que se trouvait Aigae ou Édessa,
l'ancienne capitale de la Macédoine...
W. M. Leake, *Travels in Northern Greece*, Amsterdam 1967
156. Édessa
157. L'Olympe, demeure des dieux anciens.
158. Pella. Le site archéologique
159. Le fort de Platamona

* *Nom d'Édessa pendant la domination ottomane.*

156

157

159

160

160. KAVALA, Dessin M. A. Walker
L'aspect de la ville est très impressionnant, car elle se tient pour sa plus grande part
sur une masse rocheuse en saillie qui se dresse brusquement au-dessus de la mer.
Au centre, une longue série de bâtisses blanches à colonnades, coupoles et minarets,
est le Collège turc fondé par Mohamed Ali d'Égypte*, natif de cette ville.
M. A. Walker, *Through Macedonia to the Albanian Lakes*, Londres 1864
161. Kavala. Le port, la ville, la forteresse
162. Vestiges antiques à Thasos
163. RUINES D'AMPHIPOLIS, Dessin anonyme
Huit ans après, c'est-à-dire vers la troisième année de la LXXVIIIe Olympiade, dit encore Thucydide,
les Athéniens «envoyèrent sur les bords du Strymon dix mille hommes, tant des leurs que de leurs alliés,
pour fonder dans les cantons
qu'on appelait alors les neuf voies une colonie qui se nomme maintenant Amphipolis».
E. M. Cousinery, *Voyage dans la Macédoine*, Paris 1831

** Mohamed Ali (1769-1849), d'origine albanaise, fut gouverneur de l'Égypte et fondateur de la dynastie qui régna sur ce pays jusqu'en 1952.*

161

162

163

164

165

164. Le lac de Kerkini
165. Le lac et la ville de Kastoria
166. La Grande et la Petite Prespa

166

167

168

Thrace

167. DIDIMOTIHO,
Dessin C. Sayger, A. Desarnod, C. Sayger,
Album d'un voyage en Turquie fait par ordre de sa Majesté l'Empereur Nicolas Ier, en 1829-1830, Paris 1834

Démotika [...] est bâtie en partie sur la pente de la colline qui la domine, et qui est couronnée des ruines de l'ancienne citadelle grecque. [...] Le côté du nord offre la vue la plus pittoresque de rochers à pic et inabordables, surmontés d'anciennes constructions du Bas-Empire, et des décombres d'un passage souterrain qui conduisait jadis du haut de la citadelle jusqu'à la rivière.
C. Sayger, A. Desarnod,
Relation d'un voyage en Romélie, Paris 1834

168. Un aspect de la forteresse de Didimotiho

169

Myrina
Hephæstia
Imbros
Samothrace
Samothrace
Abdera
Hephæstia
Philoctète dans l'Ile de Lemnos.
Sardonix Nicolo
Imbros
Abdera
ΒΟΗΘΟΥ
Abdera
Abdera
Abdera
Abdera
Dicæa
Dicæa
Grandeur de la Pierre

171

172

170

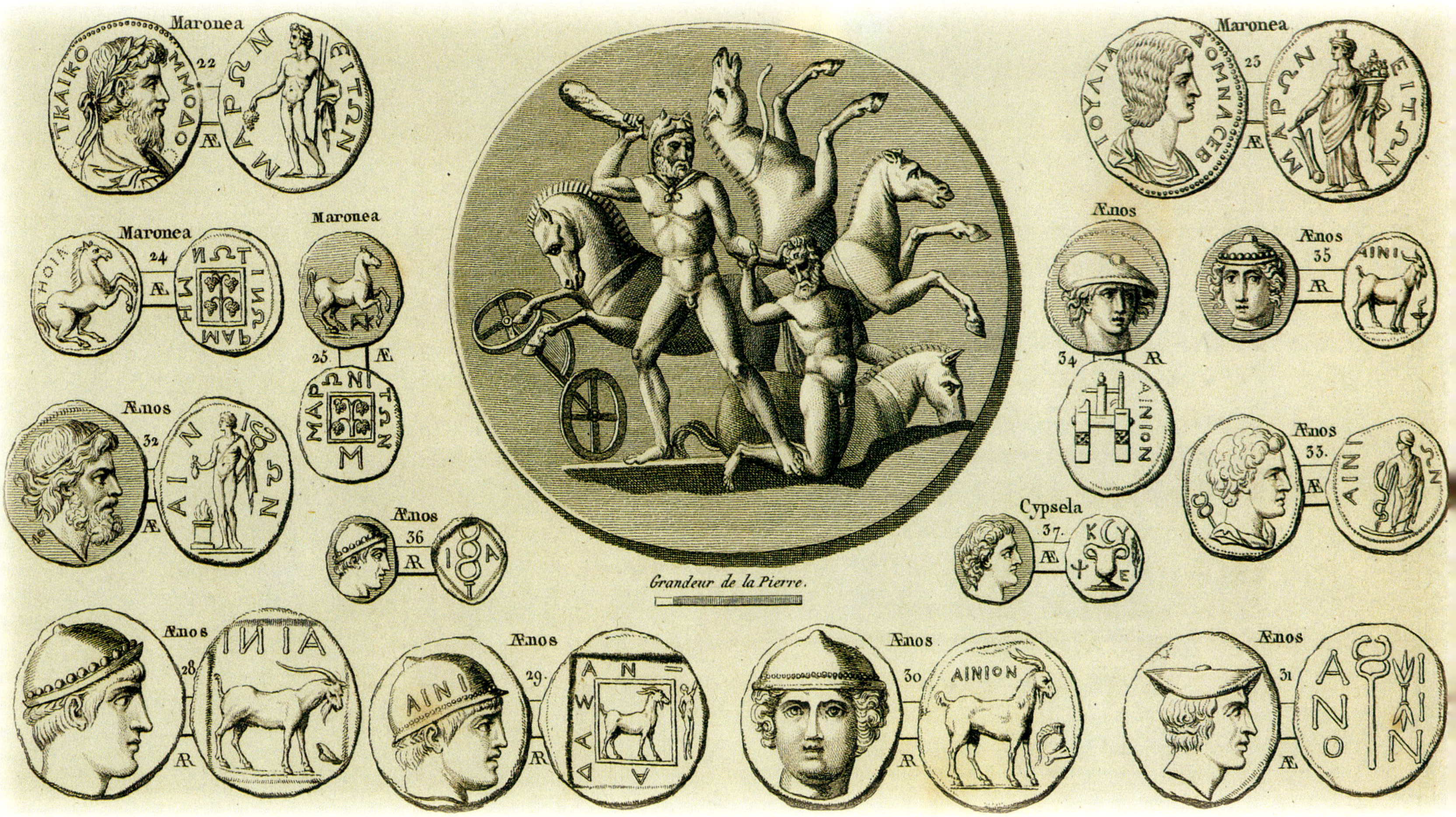

173

169 et 170. MONNAIES
Dessin M.G.F.A. de Choiseul-Gouffier,
extrait de son ouvrage
Voyage pittoresque de la Grèce, Paris 1822
Médailles et pierres gravées des îles
du nord-est de la mer Égée,
et des côtes de la Thrace.
171. Porto Lagos
172. Architecture traditionnelle.
Maison patricienne à Soufli
173. Xanthi

174

174. Samothrace.
Le sanctuaire des Grands Dieux
175. Alexandroupoli
176. Point de vue
sur le site archéologique de Komotini

177

175

176

177. SAMOTHRACE,
Dessin O. von Richter
L'île de Samothrace se compose essentiellement d'un massif montagneux orienté dans le sens ouest-est et de quatre crêtes: le Fengari, le Profitis-Ilias, l'Agia-Sofia et l'Agios-Georgios.
A. Conte, *Reise auf den Inseln des Thrakischen Meeres*, Hanovre 1860

178

179

Îles du nord-est de la mer Égée

178. Samos. Le temple d'Héra
179. SAMOS. RUINES DU TEMPLE D'HÉRA,
Dessin L. Mayer
Samos est réputée avoir vu naître l'épouse du roi des dieux: sa mère Rhéa, qui se trouva en ces lieux, lui donna naissance à l'ombre d'un saule, sur les rives du fleuve Imbrasos*. C'est pourquoi la déesse y était particulièrement vénérée et vit construire en son honneur un temple majestueux.
L. Mayer, *Views in the Ottoman Dominions in Europe, in Asia and some of the Mediterranean Islands*, Londres 1810

* *Samos fut l'un des principaux centres de culte de la déesse Héra dans l'Antiquité.*

180

181

182

180. Samos. La plage de Tsamadou
181. LESVOS. AQUEDUC EN RUINES,
Dessin M. A. Walker
Derrière le charmant village de Mavria, à une petite distance au nord de Mytilène, subsistent les imposants vestiges d'un aqueduc reliant les magnifiques versants boisés d'une vallée et traversant une petite rivière qui coule vers la mer, à demi cachée par des blocs grisâtres et des bouquets de lauriers roses et blancs en fleurs, de l'origan au parfum de thym, et d'innombrables plantes aromatiques.
M. A. Walker, *Old Tracks and New Landmarks*, Londres 1897
182. Mitilini (Mytilène). Aqueduc romain

183

184

183. LESVOS. FORT EN RUINES, M. A. Walker
...une chaîne de montagnes marquée de ravins
et de profondes vallées se dresse derrière un cap rocheux
couvert d'un immense château surmonté de créneaux,
qui s'étend jusqu'en bas, sur le rivage.
Tout autour, la ville de Mytilène
(que les gens des lieux appellent Kastro)
s'offre à nos yeux...
M. A. Walker, *Old Tracks and New Landmarks*, Londres 1897
184. Lesvos. Chair de lune à Molivos.

185

187

186

185. Anavato, cité médiévale à Chio
186. CHIO, Dessin H. de Saint-Germain (?)
La ville de Chio s'étend sur plusieurs kilomètres de longueur,
entre les bosquets d'orangers et des plantations d'oliviers.
Les maisons construites au temps des Vénitiens et des Génois ont une élégance
et des agréments qu'on chercherait vainement ailleurs en ces pays.
Cette ville m'apparut mieux bâtie et plus sûrement abritée que les autres villes du Levant.
H. de Saint-Germain, *L'Orient à vol d'oiseau*, Paris 1902
187. Chio. Moulins à vent

188

190

188. LEMNOS, Dessin J. B. Hilaire
Cette terre de Lemnos* qui guérit Philoctète,
et que Galien alla examiner, conserve encore
les mêmes propriétés, aux yeux des Grecs également crédules.
On ne la recueille qu'un seul jour dans l'année,
et avec les plus grandes cérémonies.
M.G.F.A. de Choiseul-Gouffier,
Voyage pittoresque de la Grèce, Paris 1822
189. Limnos. Vue aérienne du château
et de la ville de Mirina
190. Ikaria. Agios-Kirikos

** La fameuse terre de Lemnos est un minerai rougeâtre doté de vertus curatives. La légende raconte que Philoctète, blessé par une flèche, lui dut sa guérison. Galien vint à Lemnos dans son grand âge étudier les vertus du minerai. Sous la domination ottomane, l'extraction avait lieu une fois l'an, le 6 août, jour de la Transfiguration. C'est à cela que se réfère Choiseul-Gouffier.*

189

191

Dodécanèse

191. LINDOS, Dessin A. Berg
Lindos est pleine d'exemples
de l'architecture des chevaliers.
Les rues sont très pittoresques,
avec les passages en arcades jetés par dessus.
Les maisons, bien que vieilles de plus de trois siècles,
semblent construites d'hier; [...]
l'église principale est byzantine, avec une coupole.
Les chevaliers de Saint-Jean ont ajouté
un clocher à l'extrémité ouest.
M. A. Newton, *Travels and Discoveries in the Levant*,
Londres 1865
192. Lindos. La forteresse et la ville

192

193

194

195

193. RHODES. LA RUE DES CHEVALIERS,
Dessin P.J. Witdoeck,
extrait de B.E.A. Rottiers,
Description des monuments de Rhodes,
Bruxelles 1830

...nous nous trouvons dans cette rue longue et solitaire
où sont rangées l'une à côté de l'autre les auberges
des chevaliers, qui conservent encore les riches sculptures
de leurs façades, fiers emblèmes de leur Ordre...
C. T. Newton, *Travels and Discoveries in the Levant*, Londres 1865

194. RHODES.
FAÇADE DANS LA RUE DES CHEVALIERS,
Dessin E. Flandin

Au milieu d'une population pacifique et endormie,
le plus formidable engin de la guerre,
entassé dans une cave, aura produit plus de dévastations,
plus de misère que tous les efforts réunis
de Mahomet II et de Soliman.
Courbons-nous devant la fatalité,
et respectons encore ce *Voluntas Dei est*,
en songeant du moins
que ce fut le cri de guerre de nos pères.
E. Flandin, *L'Orient*, Paris 1853

195. Rhodes, vue panoramique.
La ville médiévale
et moderne, le port, dans une magnifique harmonie

197

196, 198 Kos
197. KOS,
Dessin J.B. Hilaire
Rien n'est aussi agréable
que la Place publique
dont je donne le dessin.
Un platane prodigieux
en occupe le centre,
et ses branches étendues
la couvrent en entier:
affaissées sous leur propre poids,
elles pourroient se briser,
sans les soins des habitants
qui lui rendent une espèce de culte*.
M.G.F.A. de Choiseul-Gouffier,
Voyage pittoresque de la Grèce,
Paris 1822

* *Il s'agit du platane d'Hippocrate.*

198

199

201

199. LEROS, Dessin J. H. Allan
Nous nous éloignâmes donc du port
où est construite la ville de Leros
et contournâmes bientôt
la haute montagne rocheuse couronnée
d'un fort génois qui surveille les habitations
sises en contrebas, avant de venir
jeter l'ancre derrière le petit môle.
J. H. Allan, *A pictorial tour in the Mediterranean*,
Londres 1843
200. Kasos
201. Leros. Agia-Marina, vue du haut de la forteresse
202. Dodécanèse. Lipsi

200

202

203

206

204

205

203. Kastelorizo
204. Ro, île des confins
205. Karpathos
206. KASTELORIZO,
Gravure W. Barlett
Par mauvais temps,
quand le vent souffle fort depuis la côte
d'en face pendant un certain temps,
les habitants doivent souffrir de pénurie.
On n'entend ici ni le chant des vendangeurs,
ni la flûte du berger,
ni le murmure du vent
dans les feuillages,
uniquement les vagues
qui se brisent sur les rochers du rivage.
Tout dans l'île a rapport
avec la pêche aux éponges,
qui occupe un grand nombre de plongeurs.
J. Carne, *Syria, the Holy Land, Asia Minor, etc.*,
Londres 1836-1838

207

209

207. PATMOS. RENCONTRE AU MONASTÈRE, Dessin M.G.F.A. de Choiseul-Gouffier
Je m'acheminois vers la montagne, lorsque j'aperçus un Caloyer qui en descendoit,
et qui s'avançant vers moi avec précipitation, me demanda en italien de quel pays j'étois,
d'où je venois, ce qui s'étoit passé en Europe depuis sept ans qu'aucun vaisseau n'avoit abordé
sur ces rochers. À peine me sut-il François: Dites-moi, s'écria-t-il, Voltaire vit-il encore?*
M.G.F.A. de Choiseul-Gouffier, *Voyage pittoresque de la Grèce*, Paris 1822
208. Patmos. Le monastère de Saint-Jean le Théologien, dominant l'agglomération
209. Halki

** Le dialogue entre le moine et le visiteur français prouve le changement idéologique et intellectuel apporté par la pénétration des Lumières dans l'Orient sous occupation ottomane.*

210. Astipalea
211. Simi. Vue générale
212. Kalimnos. Le port de Pothia
213. Nisiros. Nikia

210

211

212

213

214

Crète

214. ELOUNDA,
gravure J. Schranz,
d'après un dessin de T.A.B. Spratt
Le nom moderne d'Elounda
a été donné au site d'Olonte.
La vue montrera
le caractère pittoresque
du spectacle des environs
d'Olonte.
T.A.B. Spratt,
Travels and Researches in Crete,
Londres 1865
215. Crète. Elounda
216. La célèbre palmeraie de Vaï,
à l'est de la Crète

215

216

217

217. Entrée de l'église du monastère d'Arkadi
218. Rethymnon. Le vieux port, la vieille ville et la Fortezza
219. ARKADI, Dessin A. Schranz
Une ascension d'une quarantaine de minutes
nous amène devant le monastère d'Arkadi,
sur un petit plateau entouré de nombreux pins.
La porte d'entrée est surmontée d'une inscription
(contemporaine, je suppose, de la construction de l'édifice)
qui mentionne le moine Néophytos, higoumène du monastère.
R. Pashley, *Travels in Crete*, Londres 1837
220. RETHYMNON, Dessin A. Schranz
Mon compagnon fit un croquis de Rethymnon
telle qu'elle apparaît du voisinage de ces fermes,
dans l'une de celles où nous avions dormi,
à un kilomètre et demi environ à l'est de la ville.
R. Pashley, *Travels in Crete*, Londres 1837

219

218

220

221

223

222

221. Iraklion. Koulès,
forteresse vénitienne, et le port
222. Le palais de Cnossos
223. IRAKLION, Tableau J. Schranz,
d'après un dessin de T.A.B. Spratt,
Travels and Researches in Crete,
Londres 1865
La ville d'Iraklion [...] est défendue
par une formidable enceinte fortifiée,
due au savoir-faire vénitien...
C. R. Scott, *Rambles in Egypt and Candia*,
Londres 1837

224. HANIA, Dessin A. Schranz
Pénétrant dans le golfe de La Canée (Hania), je fus impressionné
par la grandeur et la beauté des Montagnes Blanches,
qui méritent tout à fait le nom que leur ont donné
aussi bien les anciens que les modernes
et qui attirent l'attention de quiconque franchit
les promontoires méridionaux de Laconie
pour aller vers les îles de la mer Égée ou s'en éloigner.
R. Pashley, *Travels in Crete*, Londres 1837
225. AGHIA-ROUMELI, Dessin A. Schranz
À huit heures et demie, je quittai ce village isolé
dans l'intention d'explorer l'intérieur du défilé
jusqu'à Samaria. Le sentier est si étroit en certains points,
contournant d'abrupts précipices,
qu'aucun cheval ne pourrait le passer.
R. Pashley, *Travels in Crete*, Londres 1837
226. Les gorges de Samaria
227. Le charmant vieux port et la ville de Hania

224

226

227

225

228

Cyclades

228. DANSE À PAROS,
Dessin J. B. Hilaire
Les Grecs ont plusieurs sortes de danses,
la plus commune est la Roméca;
elle a une conformité surprenante avec la danse
de leurs ancêtres, et l'on suit avec plaisir M. Guys*,
lorsqu'il croit retrouver
l'image du labyrinthe de Crète
dans les différents contours
que décrivent les danseurs.
M.G.F.A. de Choiseul-Gouffier,
Voyage pittoresque de la Grèce,
Paris 1782
229. Paros. Naoussa

* *Le Français Pierre Augustin Guys voyagea en Anatolie et en mer Égée entre 1744 et 1750. Dans son* Voyage littéraire de la Grèce, *il entreprend de faire le lien entre le monde grec ancien, ses mœurs, ses mentalités, ses coutumes, et les Grecs contemporains.*

229

230

230. NAXOS, Dessin M.G.F.A. de Choiseul-Gouffier
Naxos rappelle encore le séjour et les bienfaits de Bacchus.
Les dons que la Nature y prodiguoit à ses habitants
durent sans doute les disposer à recevoir le culte de cette divinité.
M.G.F.A. de Choiseul-Gouffier,
Voyage pittoresque de la Grèce, Paris 1782
231. Amorgos. Katapola
232. Naxos, illuminée par la lune d'août

231

232

233

235

236

234

233. SANTORINI,
Dessin M.G.F.A. de Choiseul-Gouffier
L'île de Théra, aujourd'hui Santorini,
a toujours été le théâtre
des phénomènes
les plus intéressants.
La Nature paroit avoir,
dans cette portion de l'Archipel,
réuni sous les yeux de l'observateur
une suite d'opérations différentes
qui, s'expliquant mutuellement,
semblent révéler le secret
de son travail.
M.G.F.A. de Choiseul-Gouffier,
Voyage pittoresque de la Grèce,
Paris 1782
234. Tzia. Vourkari
235. Santorini. Le port
236. Santorini. Ia.

237

239

237. SIFNOS, Dessin J.B. Hilaire
Le ciel y est toujours pur et serein
et l'heureuse fécondité de la terre
permettroit aux habitants
de se passer des îles voisines.
M G.F.A. de Choiseul-Gouffier,
Voyage pittoresque de la Grèce,
Paris 1782
238. Sifnos. La forteresse
239. Kithnos. Loutra

240

242

243

241

244

240. DÉLOS, Dessin Poirot
L'île de Délos fut spécialement honorée dès les temps héroïques. [...]
Diane et Apollon* y reçoivent le jour:
on y élève des temples, et la voilà consacrée
pour toujours par un culte universel.
A. Blouet, *Expédition scientifique de Morée*, Paris 1838
241. TINOS, Dessin de Vaudrimay
Mais une fois arrivé, l'admirable spectacle que vous avez alors
sous les yeux vous fait bientôt oublier les fatigues du chemin,
car on découvre plus de trente villages, dont les environs,
très bien cultivés [...], présentent un charmant coup d'œil.
A. Blouet, *Expédition scientifique de Morée*, Paris 1838
242. Dilos (Délos). Vestiges antiques sur l'île sacrée
243. Mosaïque provenant du site de Délos
244. Tinos. L'église de la Panaghia (Vierge)

* *Dans la mythologie, Léto, fuyant la jalousie d'Héra, se réfugia à Délos, où elle donna naissance aux dieux Apollon et Artémis, enfants de Zeus.*

245

245. SIKINOS,
Dessin M.G.F.A. de Choiseul-Gouffier
Des montagnes escarpées
en défendent l'abord; [...]
Un excès de curiosité [...]
me fit aborder à Sikino,
autrefois Sicinos.
Je ne fus point effrayé
de la hauteur des rochers:
j'essayois déjà d'y grimper; [...]
Je rentrai dans mon bateau,
et ne restai devant l'île
que le temps nécessaire
pour en avoir un dessin.
M.G.F.A. de Choiseul-Gouffier,
Voyage pittoresque de la Grèce,
Paris 1782
246. MILOS. RUINES DU THÉÂTRE,
Dessin L.N.P.A. Forbin
Près de nous était l'Argentière;
plus près encore, dans l'île de Milo même,
je voyais à mes pieds le bourg de Castri,
et les ruines d'un théâtre de marbre blanc,
qui se dessinait au milieu
d'un forêt de cyprès.
L.N.P.A. Forbin, *Voyage dans le Levant*,
Paris 1819
247. Sikinos
248. Milos. Kleftiko

247

246

248

249. IOS, Dessin M.G.F.A. de Choiseul-Gouffier
Elle n'est célèbre que par la mort d'Homère*. [...]
Les habitants descendoient de la ville,
pour donner des soins à Homère,
qui étoit resté malade près du port.
Leurs soins furent inutiles,
et il ne leur resta que l'espérance
d'immortaliser leurs regrets.
M.G.F.A. de Choiseul-Gouffier,
Voyage pittoresque de la Grèce,
Paris 1782
250. Mikonos. L'église de la Paraportiani
251. Ios

** À l'époque où Choiseul-Gouffier visita Ios, les habitants montraient avec fierté un monument qu'ils identifiaient à la tombe d'Homère, comme l'avait indiqué en 1775 le Hollandais Van Krinen. Il s'avéra par la suite qu'il s'agissait du caveau dit de Plakolos.*

250

251

252

254

253

255

252. FEMMES DE KIMOLOS, Dessin C. S. Sonnini
L'occupation habituelle de ces femmes
si curieusement vêtues est de filer le coton
et de tricoter des chaussettes et des bonnets.
Chez elles comme dans les rues,
on les voit le fuseau ou les aiguilles à tricoter en main.
Elles se servent d'un fuseau qui n'est en fait
qu'une baguette de fer tournée en spirale
en son milieu et dont l'extrémité est recourbée
comme un hameçon pour tenir le coton.
C. S. Sonnini, *Travels in Greece and Turkey*, Londres 1801
253. SYRA, Dessin du prince Valdemar,
texte extrait du *Journal d'un Voyage au Levant*, Paris 1848
Nous retrouvons ici un ciel pur et un soleil étincelant.
Les montagnes sont arides mais colorées;
la ville si originalement groupée est éclatante de blancheur,
on y sent palpiter la vie. Les rues pavées en dalles plates,
comme à Venise.
254. Mikonos
255. Siros. L'Hôtel de Ville et l'église
de la Résurrection (Anastasis) illuminés

RÉSEAU AÉRIEN ET FERROVIAIRE

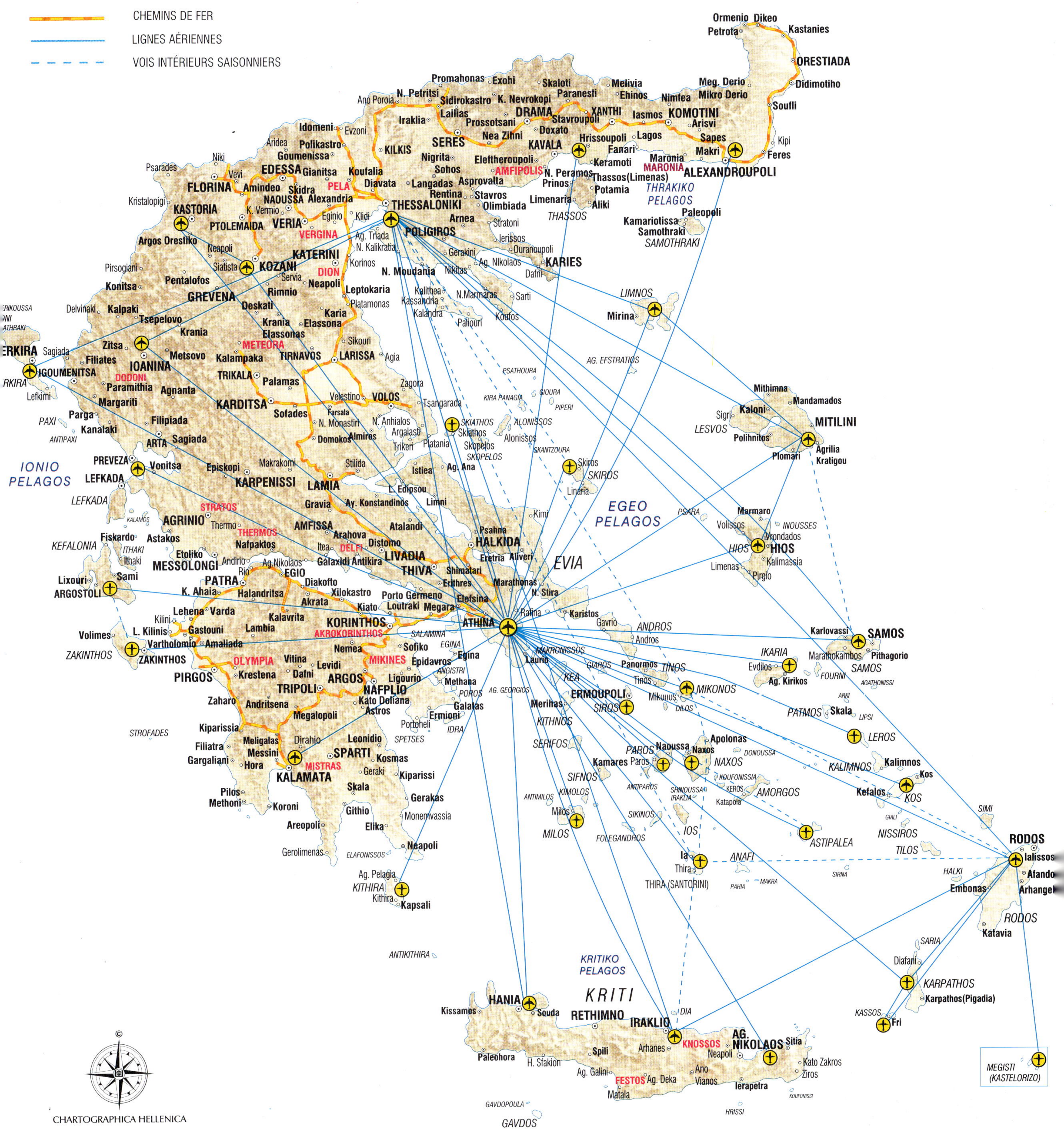

RÉGIONS

LIMITES ADMINISTRATIVES
LIMITES DES DÉPARTEMENTS
CHEF-LIEU DE DÉPARTEMENT
MAKEDONIA
THRAKI
AGION OROS
IPIROS
THESSALIA
NISSIA IONIOU
STEREA ELADA
PELOPONISSOS
NISSIA EGEOU
KRITI
DRAMA
XANTHI
RODOPI
EVROS
KILKIS
SERES
KAVALA
PELA
FLORINA
IMATHIA
THESSALONIKI
KASTORIA
HALKIDIKI
KOZANI
GREVENA
PIERIA
IOANINA
TRIKALA
LARISSA
THESPROTIA
KERKIRA
ARTA
KARDITSA
MAGNISSIA
PREVEZA
EVRITANIA
FTHIOTIDA
LEFKADA
ETOLIA - AKARNANIA
FOKIDA
VIOTIA
EVIA
ATIKI
KEFALONIA
AHAIA
KORINTHIA
ILIA
ZAKINTHOS
ARKADIA
ARGOLIDA
MESSINIA
LAKONIA
LESVOS
HIOS
SAMOS
KIKLADES
DODEKANISSA
HANIA
RETHIMNO
IRAKLIO
LASSITHI
DRAMA
XANTHI
KOMOTINI
SERES
KILKIS
KAVALA
ALEXANDROUPOLI
FLORINA
EDESSA
THESSALONIKI
KASTORIA
VERIA
POLIGIROS
KATERINI
KARIES
KOZANI
GREVENA
LARISSA
KERKIRA
IGOUMENITSA
IOANINA
TRIKALA
KARDITSA
VOLOS
ARTA
MITILINI
PREVEZA
LEFKADA
KARPENISSI
LAMIA
MESSOLONGI
AMFISSA
LIVADIA
HALKIDA
HIOS
PATRA
ARGOSTOLI
KORINTHOS
ATHENS
SAMOS
ZAKINTHOS
PIRGOS
TRIPOLI
NAFPLIO
ERMOUPOLI
SPARTI
KALAMATA
RODOS
HANIA
RETHIMNO
IRAKLIO
AG. NIKOLAOS
CHARTOGRAPHICA HELLENICA

PRINCIPALES LIAISONS ROUTIÈRES ET MARITIMES

PHOTOGRAPHES AYANT PARTICIPÉ À CETTE PUBLICATION

COUVERTURE	N. MARKOU
ADAMAKOPOULOS T.	80
ALEXANDRIS A.	251
ANAGNOSTOPOULOU A.	55
AVGOUSTINATOS G.	9, 11, 12, 15, 195, 211, 214, 216
CHATZIDIMITRIOU T.	184, 234
DESSYLLAS N.	5, 32, 35
DIAMANTOPOULOS G..	68
EXARCHOS K.	137
GIANNELOS G.	6, 162
ILIADIS I.	67, 177, 253
O.N.H.T. ARCHIVES	28, 59, 157, 185, 196, 198, 243
KATOPODIS S.	101, 102
KATSIMICHAS P.	71
KAVALLIERAKIS G.	27, 37, 41, 51, 54, 73, 75, 87, 94, 117, 124, 140, 141, 142, 156, 159, 165, 166, 206, 236, 238
KLARAS G.	127
KONTOS N.	26, 38, 64, 104, 116, 121, 174, 178, 208, 217, 222, 226
Dr. KOULLIAS G.	212
KOUREMBANA K.	187
KOUTSAFTI M.	235
MARKANTONAKI S.	119
MARKOU N.	1, 3, 4, 7, 10, 13, 14, 18, 20, 21, 24, 25, 29, 30, 33, 34, 36, 39, 40, 47, 48, 50, 52, 53, 57, 58, 60, 62, 63, 66, 70, 72, 74, 77, 79, 82, 83, 86, 88, 89, 92, 93, 95, 96, 100, 103, 105, 106, 110, 111, 114, 118, 120, 123, 125, 126, 130, 131, 134, 138, 143, 148, 150, 151, 154, 155, 160, 163, 167, 169, 170,

MARKOU N.	179, 181, 183, 186, 188, 191, 193, 194, 197, 199, 204, 207, 215, 219, 220, 223, 224, 225, 228, 230, 233, 237, 240, 241, 243, 246, 249, 252, 253
MATSOUKA P.	65, 164
MAVROPOULOS M.	203, 210
NEUMEIER/ANE A.	23, 42, 43, 44, 45, 99
PACHOS A.	202, 213
PAPAGEORGIOU L.	109
PASCHALIS V.	115
PHOTOKINISSIS	129, 200
PIPELIAS A.	98
ROZAKI D.	180, 190
SCHORR T.	31, 56, 61
SFIRAS CH.	2, 17, 78, 91, 128, 133, 135, 136, 139, 144, 161, 168, 171, 172, 173, 175, 176, 232
SIKAS K.	182
SMARAGDIS A.	153
STAFILIDOU M.	108
STEFOSSI M.	158, 242, 247
TELIS	107, 231, 239
TRAVASSAROS TH.	49
TSELENTIS S.	201
VACHARIDIS G.	19, 69, 76, 152, 205
VERGAS K.	8, 16, 22, 46, 84, 90, 97, 112, 113, 122, 145, 146, 147, 149, 189, 192, 209, 218, 221, 227, 229, 244, 250, 254, 255
VISOVITS	248
VLACHAITIS D.	81, 85, 132

L' O.N.H.T. remercie le directeur et le personnel de la Bibliothèque Gennadion d'Athènes
des facilités qu'ils lui ont accordées pour photographier le matériel iconographique.
Que E. Phinopoulos soit également remercié pour la même raison.

PUBLICATION
DE L'OFFICE NATIONAL HELLÉNIQUE DU TOURISME
DEUXIÈME ÉDITION - ATHÈNES 2003

Direction générale de promotion:	VASSILIKI KASSELAKI Directrice générale
Supervision de la publication:	IRÈNE FRAGIADAKI Direction de la recherche et de la publication
Coordination de la publication:	LOUISA STAVROPOULOU - BRIOLA Section des publications et des moyens audiovisuels, Chef de service
Researche-Texte-Supervision scientifique:	VASSILIS KARDASIS Professeur à l'Université de Crète
Traduction:	FABIENNE VOGIN
Supervision artistique:	KATERINA KOUREMBANA
Composition artistique:	MARIA MANDREKA
Réalisation et supervision des cartes:	CHARTOGRAPHICA HELLENICA D. G. TSOPELAS
Séparation des couleurs:	G. DETORAKIS SACI
Impression:	PUBLICATIONS KORYFI S.A.
Copyright:	OFFICE NATIONAL HELLÉNIQUE DU TOURISME

ISBN: 960-534-014-3

Reconstitution du port du Pirée